購入する前に知っておきたい!

新築
分譲住宅
3つのキホン

川野秀樹
KAWANO HIDEKI

幻冬舎 MC

購入する前に知っておきたい！

新築分譲住宅
３つのキホン

はじめに

住宅の購入にあたって、新築分譲住宅が注文住宅に比べ安価であることから、特に一軒家を検討する人たちの間で人気が高まっています。しかし、気に入った物件を購入し、いざ入居したらこんなはずではなかったと後悔したという話が後を絶ちません。

購入時に間取りは確認済みでも、実際に暮らしてみると期待していたよりも狭いと感じたり、不便だったりすることもあります。また機能性の面でも、防音性や断熱性が十分でなかったり外壁の劣化の進行が早かったりするケースがあるのも実情です。

新築で見た目も良く、一見仕上がりに不足はないうえに価格も手頃となれば、「誰かに購入される前に……」と、つい飛びついてしまいます。しかし、そんな焦りから一生後悔するような失敗をしないよう必要最低限の知識をもっておくことがとても大切です。

私は、南大阪エリアを拠点に、新築分譲住宅事業や注文住宅事業をはじめ、建て替え、リフォームなどを手掛けるハウスメーカーの二代目社長です。

　１９６９年の創業以来半世紀以上にわたり、地域密着を掲げて用地開拓から地盤調査、設計、施工、現場管理、アフターサービスの定期点検まで自社一貫体制で行ってきました。大阪府八尾市の住宅販売総合部門では10年連続１位を獲得し、供給戸数は通算１万戸を超えました。高い顧客満足度を保つことで、施主からの紹介による成約率が20％以上という好循環も生まれています。

　私自身、地域密着の業者なので手抜き工事や不備があればたちまち地域内で知れわたって仕事を失う可能性があります。そうしたなかでも、多くの実績をあげ顧客の信頼を築いてこられたのは、安易に価格を落とすのではなく品質重視を貫きながら、顧客の予算に合わせた適切なプランを提案し、しかもアフターサービスの充実に力を入れてきたからだと考えています。

　アフターサービスは低価格志向の人には余計な出費ととらえられがちですが、実際にトラブルが発生した際の修繕費用は事前の想定以上になることのほうが多いのです。アフターサービスの仕組みがなければトラブルに悩まされ生活に影響が出るなかで、自分で修理業者を探して依頼するのは手間の面でも金額の面でも負担が大きくなる可能性が高まってしまいます。

住宅購入にあたっては、家の外観や営業担当が提示する目先の価格だけにとらわれず、将来を見据えた適切な予算を立て、どのような家に住むことになるかしっかりとチェックすべきです。そのうえでリスク回避策を考えるなかでアフターサービスの内容が万全かどうかまで見極めることが重要です。

本書は、失敗しない新築分譲住宅購入について、購入後によくあるトラブルや見落としがちなリスクを挙げ、無理のない購入予算の立て方、物件選びから引き渡しまでのチェックポイント、永く快適に住むためのアフターサービスの重要性を解説しています。

この本が、これから新築分譲住宅を購入する際の参考になったとしたら、家づくりのプロとしてこれ以上の喜びはありません。

目次

第2章

キホンその①

背伸びしすぎると住宅ローンの支払いで痛い目を見る!?
ライフプランに沿った「身の丈予算」の立て方

第3章

キホンその②
快適な住み心地を手に入れる！
物件選びから引き渡し前の内覧までのチェックポイント

第4章

キホンその③

大切な家に永く住むために、購入後のアフターサービスを重視する！

第1章

こんなはずじゃなかった……
新築分譲住宅購入後の
“後悔あるある”

マイホーム購入は人生の一大イベント

マイホームを建てることは人生で大きな決断の一つです。多くの人にとって、家を建てることは初めての経験となるので購入までどのように進めていけばよいのか、不安な思いを抱えるのは当然のことです。自分たちにぴったりの満足のいく家はどうやって選べばいいのだろう、お金はどのくらいかかるのだろう、どこに頼めばいいのだろう……考えなければならないことはたくさんあります。

この本を手に取った人は、家づくりという「未知の森」をさまよい歩いていることでしょう。毎日のようにＳＮＳをチェックして理想の家を探したり、週末ごとに住宅展示場やモデルハウスに足を運んだりと忙しい日々を送っているのではないかと思います。

家を買うタイミングは人によってさまざまですが、初めてマイホームを購入する年齢層として最も多いのは30代です。

しかし、この世代はまだ収入が十分に増えていないことが多く、それに加えて生活費のほか結婚や出産などの大きなライフイベントに伴う出費が重なる時期でもあります。マイホーム購入を考える多くの若い世代は住宅ローンの負担をできるだけ軽くしたいという思いから、月々の支払いは現在住んでいる賃貸住宅の家賃と同じくらいに抑えたうえで、なるべく良い家を買いたいと考えています。そんな願いをかなえてくれるのが、一からオーダーメイドで建てないかわりに費用を抑えることができる分譲住宅です。

２０２２年の新築住宅の工事が始まった数を見ると、注文住宅は前年比11・３％減の25万３２８７戸でしたが、分譲住宅は25万５４８７戸で、前年比４・７％増加しています。建築資材やエネルギーの価格が大幅に上がり建築コストも高くなるなか、コストパフォーマンスが良い分譲住宅への需要は増え続けています。

分譲住宅のさまざまなメリット

分譲住宅は注文住宅に比べて価格が安いのはもちろん、業者との打ち合わせの回数が少なくて済む、完成した家を見て購入できる、即入居ができるなど、さまざまなメリットがあります。あらかじめ建設された家や計画された住宅地のなかから選び、実物を自分の目で確認したうえで比較的手頃な価格で購入ができるのは、初めてのマイホーム購入を検討している人にとっては大きな魅力です。

分譲住宅とは、分譲地に建物が完成もしくは完成間近の状態で販売される住宅のことで、「建売住宅」ともいいます。それに対し、住宅会社などが先に分譲地を販売してから建物の設計、施工を行う「売建住宅」という方式もあります。「建築条件付き」という言葉を聞いたことがあるかもしれませんが、これはある住宅会社が販売してい

る土地を気に入って購入した場合、その住宅会社で建てなければいけない家のことで
売建住宅のことを指します。

分譲住宅のメリットである価格の安さは、注文住宅のように一棟一棟設計する手間がかからず、決まった間取りの住宅を大量につくることに理由があります。これまでの販売経験や設計・施工のノウハウを活かして、万人受けする間取り、設備仕様になっているのです。立地と価格優先で、自分で土地を探したり間取りを考えたりする必要がないため、家づくりにかける時間は少なくて済みます。

また、完成した物件を見ることができるので間取りや設備、庭の広さや駐車場、周辺環境の確認もできて生活のイメージがしやすくなります。同時期に販売された分譲地では住人の年齢層や家族構成も近く、最初からスムーズにコミュニティに入ることもできます。

購入価格も「土地＋建物で○○○○万円」という形で販売されるので、注文住宅のように土地と建物で別々のローンを組む必要もなく分かりやすいといえます。住宅ローンの融資が開始されるまでに必要な資金を一時的に調達する「つなぎ融資」の必

要もありません。こうした価格の明快さとローンの組みやすさも分譲住宅のメリットです。

かつての分譲住宅は「安かろう悪かろう」と品質が劣るイメージがありましたが、現在は注文住宅も分譲住宅も基本的な品質に大きな差はなく、長期保証や住宅性能表示などを受けられる物件もあります。このような背景も分譲住宅が選ばれる要因の一つとなっています。

分譲住宅購入には気をつけるべきこともある

分譲住宅は注文住宅よりも安く手に入り、契約してから短期間で入居できるため魅力的ですが、購入後に後悔しないようにあらかじめ注意すべきことがあります。購入までの知識が不足している場合や、購入方法を誤ると思わぬ落とし穴に陥る可能性があります。マイホーム購入は人生でそう何度もあることではない重大な決断です。あとで「こんなはずじゃなかった」「もっと慎重に選ぶべきだった」と後悔しないためにも、適切な知識を持ち、慎重に購入を進めることが重要です。

分譲住宅全体のデザインや品質が年々向上しているのは間違いありません。注文住宅を建てたいのはやまやまだけれど、土地も建物も２～３割以上値上がりしているのでとても手が届かない、そんな人は自然に分譲住宅に目を向けるため、住宅会社も他社と差別化するために個性豊かな住宅の企画開発、販売に力を入れています。なかには、これで本当に分譲住宅なの？と疑ってしまうほどおしゃれで、自由設計の注文住宅と遜色のない分譲住宅もあります。

例えば、屋根は片流れ、外壁はガルバリウム鋼板と塗り壁のツートン、室内の床は無垢《むく》材、壁は漆喰《しっくい》、断熱材は吹き付けの発泡ウレタンを使い、窓ガラスはトリプルガラスの樹脂サッシを使うなど、ひと昔前のアパートのような分譲住宅からは想像もつかないほどデザインも性能もグレードアップしています。間取りも、吹き抜けやスキップフロア、平屋の分譲住宅なども珍しくなくなってきました。

しかし、立地が便利で外観もおしゃれだし、価格も安いからといって購入したものの、実際に住んでみると動線が不便だったり、設備が使いにくかったりすることもあります。分譲住宅は間取りや設備をパターン化することによってコストダウンしているので、基本的に間取りも設備も変更できません。

初めから間取りが決まっているから注文住宅よりローコストで購入できるのです。これまでの販売実績のデータを基に一般的に好まれやすい間取りになっていますが、家族構成やライフスタイルは人それぞれ違うので合わないこともあるのです。

分譲住宅購入の見逃しがちな落とし穴

実際に分譲住宅を購入するときに見逃しがちな落とし穴はどんなものがあるのか、どんなことに気を付けるべきなのか、例を挙げてみます。

●モデルハウスはフルオプション仕様になっている

インスタグラムや住宅雑誌などで気に入った分譲住宅を見つけて、その家を建てた住宅会社のモデルハウスを見に行く機会もあるかと思います。洗練されたデザインと高級ホテルを思わせる豪華な最新設備の数々を見て「わあ、こんな家に住みたい！」と感動する人も多いはずです。それもそのはず、モデルハウスは客に夢を売るためのショールームであり広告塔なのです。

住宅会社によってはモデルハウスに億単位のコストをかけて建設し、毎月１０００万円程度の維持費を払っています。しかし、一般の人が家づくりにそれほどお金をかけるのは不可能です。オプションを追加したことで予算を超えてしまい、家計を圧迫することにもなりかねません。モデルハウスはその会社の最高級仕様であり、オプションだらけなのです。それを知らないまま、同じように豪華な家が建てられると思って打ち合わせに臨むと現実に引き戻され、「こんなはずじゃなかった」と現実とのギャップにがっかりすることになってしまいます。

●アフターサービスが悪く、住んでから余計な費用が発生してしまう

分譲住宅を選ぶにあたって、営業担当の人柄は重要な要素の一つです。笑顔が爽やかで親身になって話を聞いてくれる営業担当は安心感が生まれますが、入居後のフォローアップが不安定な場合もあります。契約前は親切で資金計画から相談に乗ってくれてアドバイスしてくれた担当者でも、入居が決定するとアナウンスが著しく少なくなるといったケースもあるのです。例えば、定期点検には来てくれても、トラブルが起きた場合の対応が遅れ、修繕に時間と費用が余計にかかることもあります。

せっかく念願のマイホームを購入したのに、無理な住宅ローンの返済に追われれば、今まで恒例だった年数回の家族旅行にも行けない、新車の買い替えもできないといった生活に制約を感じることにもなりかねません。その結果、夢のマイホーム暮らしで生活を豊かにするという本来の目的が果たせず、いったいなんのために家を買ったのか分からなくなってしまいます。

●ＳＮＳの情報に頼りすぎた

最近ではスマートフォンやパソコンから簡単に情報を手に入れることができるため、分譲住宅を購入する際、ＳＮＳなどで得た情報だけに頼ってしまう人もいます。忙しい毎日の中で、家を選ぶ時間や手間は限られています。だからこそ、できるだけ効率的に選びたいという気持ちは理解できます。しかし、実際に見た印象と写真や動画で見た印象とでは大きな違いがあります。そのため、実際に住んでみると狭い、暗い、動線が悪い、収納が少ないなどの不満や後悔が出てくる可能性も拭えません。分譲住宅が注文住宅よりリーズナブルだからといっても、現場に足をあまり運ばずＳＮＳで見た結果をもとに購入を進めてしまうのは大きなリスクです。

また、インターネットで施工例を見るだけで、その会社のコンセプトや歴史、資本金、建てる人物などをあまり詳しく知ることもなく購入してしまうこともあるかもしれません。しかし、運悪くその会社が倒産してしまう可能性も０％ではありません。もし会社が倒産した場合、メンテナンスや保証についてどうなるか不安がでてきます。このような状況を防ぐためには、事前に可能な限り情報を集めておくことが重要です。

施工者・物件に関する情報収集方法（複数回答）

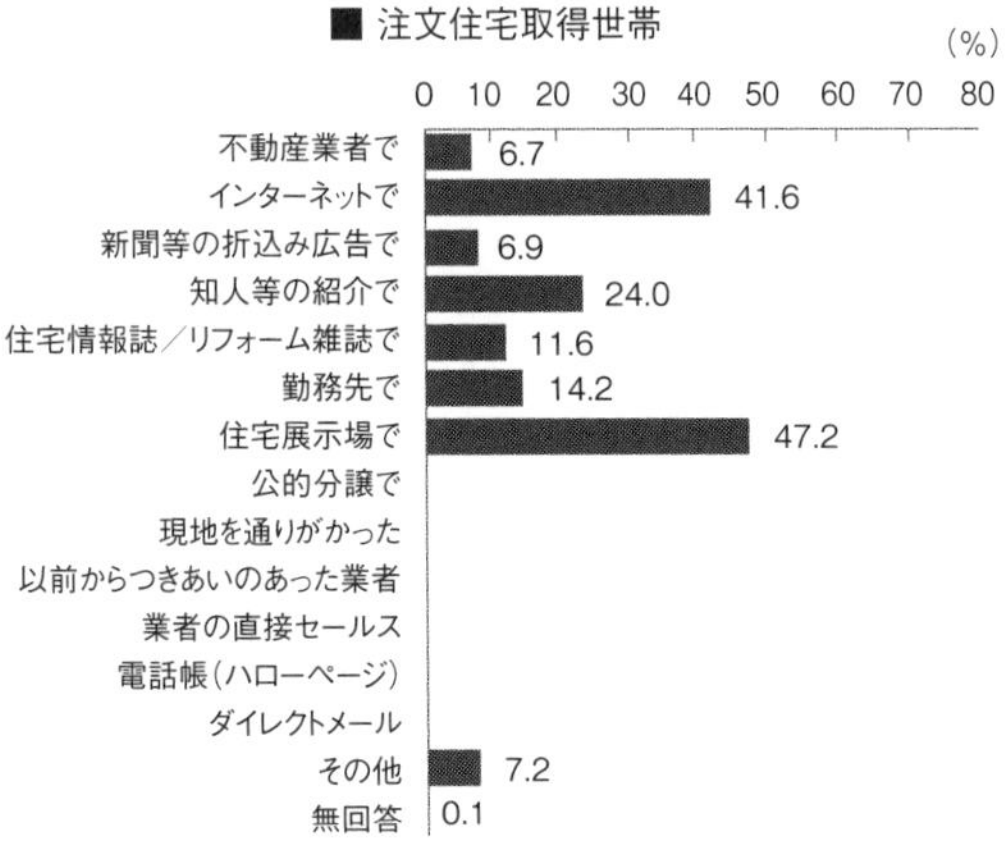

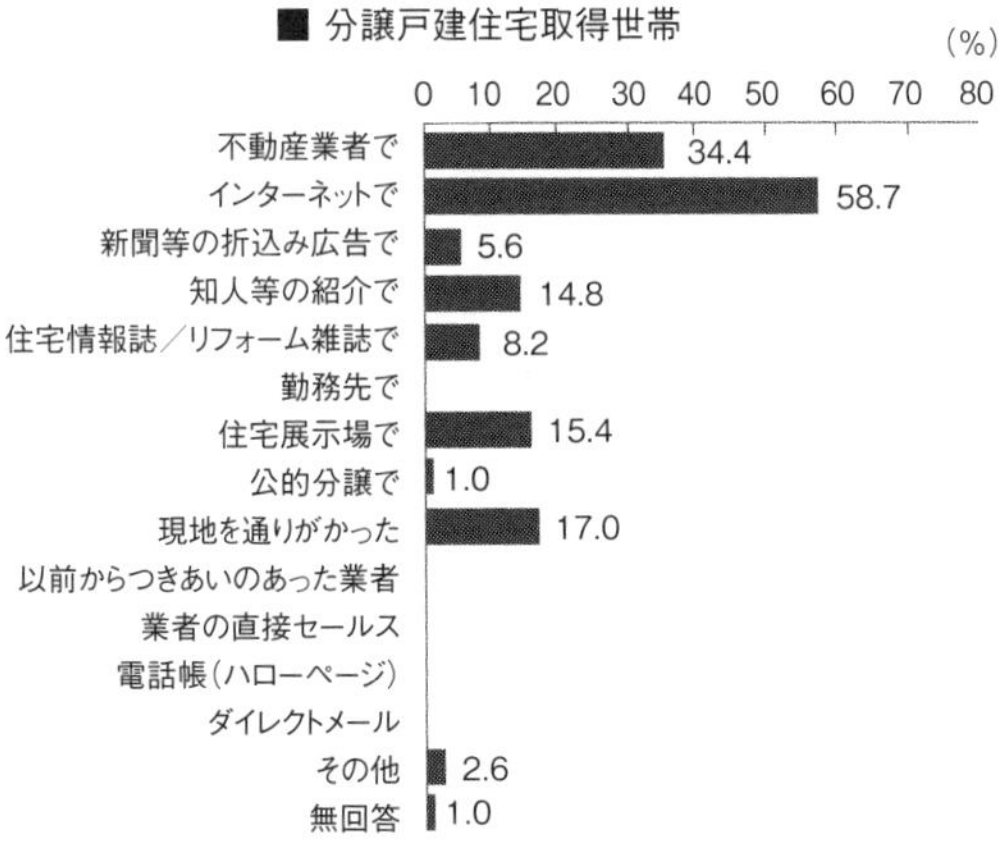

出典：令和4年度住宅市場動向調査報告書　国土交通省住宅局

●欠陥に気づかず購入してしまった

マイホームを手に入れる喜びは大きいものですが、建築基準法やそれに基づく法令、条例に違反した違法建築だったという悲しいケースもあります。分譲住宅では、すでに家が建っているので違法建築なんてないと思われがちですが、建蔽率や容積率を無視したり、斜線規制に抵触したりする物件も実際には存在します。特に防火地域では、屋根や外壁、窓の種類に制限があるのですが、その法令を無視している業者もいます。なぜこのようなことが起こり得るかというと、分譲住宅の建築プロセスでは必要以上にコスト削減や工期短縮が行われている場合もあり、できるだけ作業工程を効率化して進める場合が少なくないからです。その結果手抜き工事が行われるリスクが高くなります。だからこそ、マイホームを選ぶ際には、よく注意して選ぶことが大切です。

●施工技術が未熟で、住み始めてから不満に思う

新築であるのに、住み始めてからさまざまな不具合が生じることもまれにあります

ので、購入の際には慎重に検討することが大切です。分譲住宅は大量生産されるため、技術の低い大工が関わることもあります。技術の低い大工が建てた家では、床が傾いたり、ドアや窓が開閉しづらくなったり、雨漏りが発生することがあります。通常はそのような不具合が発生することはありませんが、なかにはそうした大工が行った施工もあるのが実情です。そのため、住宅会社選びは丁寧に行う必要があります。

新築分譲住宅の購入を失敗しないために押さえるべき3つのキホン

ここまで、分譲住宅購入後に後悔につながる事例をいくつか見てきました。これらは一般的なもので、読んでいる方の中には不安になる方もいるかもしれません。しかし、これらの落とし穴や注意点を知っておくことは、自分が住宅を購入する際に失敗を避けるために役立ちます。

分譲住宅は、ポイントさえ押さえておけばとてもお得な選択肢です。価格も注文住宅より安く、最近のコストパフォーマンス重視のトレンドから、若い世代に支持されているのも納得です。コストを抑えられる分譲住宅だからこそ、ポイントを押さえて選べば、自分たちに最適な後悔のない住まい選びをすることができるのです。

では、どうすれば失敗せずに新築分譲住宅が購入できるのかというと、重要となるのが次の３つのキホンです。

①住み始めてから家計が圧迫されることのないようライフプランに沿った資金計画を立て、無理なく返済できる身の丈に合った住宅ローンを組むこと。

②依頼する住宅会社がどんな経営理念を持ち、どんな設計、施工、現場管理を行っているのかをしっかりとチェックすること。

③引き渡し後もずっとアフターサービスを行い、大切な家を守ってくれる会社を選ぶこと。

この３つのキホンを押さえてマイホーム選びを進めることが、「幸せに暮らせる家づくり」への近道となるのです。

第2章

キホンその①

背伸びしすぎると住宅ローンの支払いで痛い目を見る!?
ライフプランに沿った「身の丈予算」の立て方

重要な住宅ローン選び

住宅の購入を検討する際、最初に考えるべきことが「住宅ローン選び」です。これは住宅選びと同じくらい大切なことです。住宅ローンは数十年にわたって払い続けることになりますから安易に考えず、慎重に選ぶようにします。ただ、住宅ローンは仕組みが複雑で種類も多いので、「どれが自分に合っているのか分からない」と悩む人も多いと思います。住宅ローンをきちんと理解し、ライフプランに合った資金計画を立てることが失敗しない家づくりへの第一歩となります。

マイホームを現金一括で購入できる人はほんのひと握りで、ほとんどの人が金融機関から融資を受け、長期の住宅ローンを組むことになります。どこから融資を受けるのか、どのぐらいの金額を借りるのかはとても重要な選択で、住宅選びと並んで人生を左右する決断の一つといっても過言ではありません。

住宅ローンにはさまざまな商品があり、金利や手数料などの条件も違います。「フラット35」のように同じ商品であっても、取り扱う機関によって手数料や金利が違うものもあります。さらに、金利は交渉することもでき、借りる人によっても異なる場合があるのです。例えば、３０００万円全期間固定35年元利均等返済の場合、金利が０・５％違うと支払う利息は３００万円以上も違ってきます。不動産会社の営業担当や銀行の融資担当者に言われるがまま、何も考えずに住宅ローンを組んだばかりに数年後には支払いに行き詰まり、大切な住宅を手放すことがないとも言い切れません。

ですから担当者に任せきりにするのではなく、希望を伝え、自分たちに合った借入額や商品を見極めることが大切です。賢く住宅ローンを選び、無理のない資金計画を立てることでマイホームを購入したあとも暮らしに余裕がもてるようになります。

予算・住宅ローンの基本的な考え方

資金計画を立てるうえで最も重要なのは、住宅取得にかけられる予算を最初に考えておくことです。家族で夢を語るうちについ気が大きくなって「数百万円の違いならグレードアップしちゃおうか」と予算オーバーするケースが少なくありません。そういう「これくらいなら多少ムリをしてもなんとかなるだろう」と背伸びをすることで、その後の生活にしわ寄せが生じることもあります。特に幼い子どもがいる家庭では、現在の生活費で払えるギリギリの住宅ローンを組んでしまうと、子どもが高校・大学と教育費がかかるときになって返済に困ることもあります。

一度住宅ローンを組むと、返済は20年、30年と続きます。その間の家族のライフプランの見通しを立てて予算を考え、予算の範囲内で希望の家づくりを検討することが大切なのです。自分で将来設計をイメージしてみて、住宅費のほかにいつ、どんな費用が必要になるかをシミュレーションしてみるとよいと思います。

マイホームを取得するにあたっては、①本体工事費のほかに次のような費用が発生します。

②別途工事費

門《もん》扉《ぴ》やフェンスなどの外構工事にかかる費用です。防犯用の照明、エアコンなどの空調工事、カーテン工事、植栽工事、フェンス工事、芝生工事、カーポート工事などがこれにあたります。本体工事費の20％を目安にするとよいです。

③設計料

建築家や設計事務所に設計を依頼する場合は別途設計料が発生します。建物と庭の設計のほか、施工会社の選定と現場管理も委託し、本体工事費と別途工事費を合わせた建築工事費の約10～15％を目安に支払います。ハウスメーカーや工務店に依頼する場合、総額の見積りの中に設計料が含まれている場合がほとんどなので、明細に記載

マイホーム取得にかかる費用

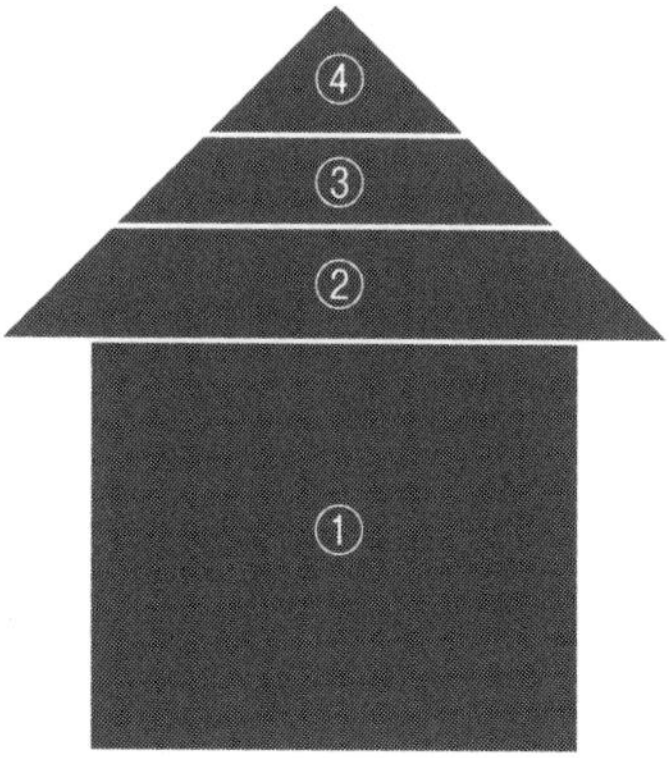

① 本体工事費
（建物本体の工事にかかる費用）

② 別途工事費
（外構など建物本体以外の工事）

③ 設計料
（設計事務所に支払う費用）

④ 諸費用
（税金と申請や登記に必要な費用）

「はじめてのマイホーム　建て方・買い方完全ガイド」より改変

されているかどうかを確認しておきます。

④諸費用

税金や各種申請、登記費用、手数料、保険料、引っ越し費用といった「雑費」です。土地・建物の取得の仕方やローンの組み方で金額は多少変わりますが、建築工事費の５～10％が目安です。予算総額が３５００万円の場合８％の２８０万円が諸費用、残り３２２０万円が建築費となります。自己資金（頭金）を諸費用に充て、建築費のみを住宅ローンで組むという人もいます。

また、住宅ローンの返済計画では、税金

やメンテナンスといった維持費用（ライフサイクルコスト）も頭に入れておかなければなりません。土地と建物の固定資産税は毎年かかります。火災保険料や地震保険料も請求されます。メンテナンスは物件によって程度が違いますが、屋根は約10〜15年、外壁は約10年で補修が必要になってきます。このように、引き渡し後の生活も考えて資金計画を立てるようにします。

融資を受けられる金融機関の種類と特徴

マイホーム購入と切っても切れない関係にあるのが住宅ローンです。面倒臭いし難しくてよく分からないから住宅会社に勧められた銀行でいいか、というパターンになりがちです。しかし、どの金融機関の、どの商品を選ぶかで支払い総額が数百万円単位で変わってくる場合もあるのです。難しいことですが、分からないからいいやと思って人任せにしてしまうと、後悔することにもつながります。

住宅ローン商品の種類は4000を超えているので、全てを比較するのは不可能ですが、基本的なタイプの違いや特徴だけでも理解しておくのがよいと思います。

住宅ローンの貸付機関は、都市銀行など民間の金融機関による「民間融資」と政府系金融機関による「公的融資」、その中間に位置づけられる「準公的融資」、そして、店舗を持たない「ネット銀行」の4種類に分けられます。それぞれの特徴は以下のとおりです。

●民間融資（銀行・信託銀行・信用金庫・労働金庫・損害保険会社など）

民間融資は国や自治体以外の民間企業が取り扱う住宅ローンを指し、代表的なのは都市銀行や地方銀行です。公的融資は国や自治体が主体なので種類が少ないのですが、民間融資は現在も増え続けており選択肢も多く、自分に合う金融機関を見極めるのが難しいかもしれません。大まかな種類の特徴を把握して、的を絞ってから相談してみるとよいと思います。

銀行でローン相談窓口のカウンターを見たことがある人も多いかと思います。民間融資の中でも銀行は住宅ローンの相談を気軽にできる場所であり、さまざまなサービスやオプションを取り扱っています。近年はネット銀行が人気ですが、対面で細かいことを相談しながら慎重に決めたい人にとっては店舗のある銀行が良いでしょう。銀行以外に個人向けで住宅ローンを取り扱っている業種としては、生命保険会社やクレジット会社が挙げられます。

●公的融資（財形住宅融資・自治体融資）

公的融資とは、国や住宅金融支援機構をはじめとする公的機関が提供する住宅ローンを指し、おおまかに「財形住宅融資」と「自治体融資」に分けられます。財形住宅融資は国の機関である住宅金融支援機構と勤め先の職場が主体となりますが、自治体融資は地域によって実施の有無が異なります。手数料が無料で5年間の固定金利といった制度が整っていて金利が安いのがメリットですが、利用条件が厳しいので誰でも申し込めるとは限りません。勤務先で毎月の給料から一定額天引きされる「財形貯蓄制度」を1年以上継続しており、その貯蓄残高が50万円以上あることが主な条件です。貯蓄残高の10倍（最高4000万円）まで利用できます。そのほか、購入した物件に住み続けることや適用される住宅に制限があるなど細かい条件がありますが、条件を満たしている人にとってはお得にローンを組むことができます。フラット35と併せて融資を受けることもできます。

●準公的融資（フラット35）

住宅ローンを調べるとよく聞く名称ですが、これは独立行政法人である住宅金融支援機構と銀行や保険会社など民間金融機関が提携して行っている融資です。金融機関が融資した債権を住宅金融支援機構が買い取り、その債権を証券化して投資家に販売するシステムです。

最長35年長期固定金利型ローンを組めますが、返済期間が短いほど金利は安くなります。返済期間は15〜35年で、融資限度額は8000万円まで可能です。いちばんの特徴は借入期間中に金利が変動しないので将来の返済計画を立てやすいことで、マイホーム購入後の貯金や人生設計も不安にならず、安定した返済を優先したい人にお勧めです。フラット35と自治体が提携したプランもあり、地域の補助金制度を利用することで５年間にわたって固定金利が年０・25％引き下げられる可能性もあります。

変動金利型を選ぶ人が多く、近年あまり人気のなかった「フラット35」ですが、若い世代に住宅取得時の負担を軽減してもらおうと、子どもの人数に応じて金利が優遇される措置がとられることになりました。子ども一人につき０・25％分を引き下げ、５年間の最大は１・０％分です。18歳未満の子どもがいる世帯のほか、夫婦どちらかが39歳以下の若い世帯は子どもがいなくても対象となります。

●ネット銀行

口座の開設や振り込みなどの取引をパソコンやスマホを使って気軽に行うことができる銀行です。従来の銀行のように店舗を置かずに営業しているのが特徴です。店舗がないので現金を口座に入金したり、出金したりする際には提携している他行のＡＴＭを利用します。主なネット銀行には、ソニー銀行、楽天銀行、住信ＳＢＩネット銀行、ａｕじぶん銀行、ＰａｙＰａｙ銀行、イオン銀行などがあります。

ここでは、民間の金融機関で変動金利型の住宅ローンを利用する人の割合が比較的多いですが、先の見通しは誰にも確約できるものではありません。民間の金融機関の住宅ローンを利用するのか、公的機関にするのか、それぞれの特徴をよく理解して、自分たちのライフプランに合った貸付機関を選択しましょう。不安な人はお金のやりくりに詳しい専門家のＦＰ（ファイナンシャルプランナー）にサポートしてもらうという方法もあります。

このように、住宅ローンの借入先は大きく4種類に分類されるといいましたが、それぞれにメリットとデメリットがあるため、一概にどの金融機関がいちばんお勧めですとは言い切れません。

現在は公的融資でも購入者の収入や住まいに合う選択肢が多くありますが、サービスの充実度、個人や物件に沿った対応が柔軟にできるのは民間融資です。審査によってはあらかじめ金利を高めに設定したり、借入金額を減らしたりする対応が民間融資でよく見られます。金利については各金融機関によって大きく変わり、その都度キャ

住宅ローン貸付機関によるメリット・デメリット

貸付機関	メリット	デメリット
民間融資	・サービスが充実 ・個人や物件に沿った対応が可能	・審査に落ちやすい
公的融資	・金利が比較的低い ・年収や勤続年数が重視されない	・条件に当てはまる人が少ない ・借入限度額が低い
準公的融資 （フラット35）	・完済までの金利が確定している ・借入金額が多い ・誰でも使いやすい	・金利が比較的高めに設定されている ・金利が下がっても返済額が変わらない
ネット銀行	・金利が低い ・事前審査がネットでできる	・担当者と直接話ができない ・融資の基準が厳しい

ンペーンなどが行われるので、選択肢が多すぎて迷うこともあるでしょう。しかしその分、自分に合った金融機関と商品を見つけられれば、後悔することのない融資を受けられると思います。

実際に利用している人が多いのは、銀行や信用金庫など店舗型金融機関の民間ローンですが、最近は暮らし全体にデジタル化が浸透してきた影響もあり、ネット銀行を利用する人も増えています。

自己資金（頭金）はいくら必要か？

自己資金は住宅の「頭金」と「諸費用」に充てるのが一般的です。このうち頭金をいくら用意すればいいのか悩む人も多いと思います。頭金なしでも住宅を購入できますが、頭金を入れるとそれだけ住宅ローンの借入を減らすことができ、返済の負担を軽減できるのは確かです。

ネットや住宅雑誌に「住宅価格の２割は頭金を準備しましょう」と書いてあるのをよく見かけますが、必ずしもそれを守る必要はないと思います。なぜなら、今は住宅ローンの金利が低いからです。

２０２４年２月時点の変動金利では主要ネット銀行は０・３％台前半、メガバンクは０・３％台後半と、安定した低金利が続いています。

自動車や子どもの教育など、暮らしに必要な商品の中で、０・３％台という住宅ローンほど金利が低いものはありません。それならフルで住宅ローンを組み、万一に備えて手元に現金を置いておく方法もあります。

２割といっても、３０００万円の家なら６００万円の頭金が必要になるので、若い家族にとっては親の援助等がなければ簡単なことではありません。コツコツと貯金するにしても時間がかかり、その間に子どもも成長していくので出費がかさみます。また、車や家電が壊れてからの買い替えや、入院や事故など想定外の出費がないとも限りません。手元に置いておく現金とのバランスを考え、低金利を利用して、住宅ローンは頭金なしで組んでも構わないと思います。

無理のない返済計画の立て方

金融機関から「借りられる額」と長い返済期間を通じて無理なく「返せる額」は異なります。目先の金利や月返済額だけにとらわれず、「返せる」返済計画を立てましょう。実際に借りられる額は、年収の7倍程度が上限の目安といわれています。

住宅ローンは、お金を貸す側である金融機関が融資契約を結ぶ前に審査を行います。申込者がローンを完済できるか、さまざまな審査項目からその人の返済能力を判断します。仮に条件や基準を満たしていたとしても、万一返済ができなくなった場合のリスク回避のために、金融機関は「担保」を必要とします。担保の提供をあらかじめ約束することで、金融機関としては貸し倒れのリスクを減らし、返済不能となる事態を未然に防止するのです。

融資額を決定する際の担保については大きく次の2つで、住宅ローン契約者のおかれている状況などによりますが、物的担保の提供が一般的です。

①物件の担保としての価値（物的担保）

②ローン申込者の信用性（人的担保）

物的担保とは、債務者すなわち住宅ローン契約者がローンを返済できなくなった場合に備え、土地や建物などの不動産を返済手段として金融機関側が確保しておくことをいいます。不動産の価値が住宅ローン審査の対象となり、融資額を決めるうえでも参考にされます。目安としては、担保とする不動産価値の60～80％で融資が行われるケースがほとんどです。返済ができなくなった場合、担保となっている不動産を競売にかけ、融資した分の金額を回収することになります。物的担保は、不動産や株券、国債を含めた有価証券などの資産価値のあるものが対象となります。一般的には、住宅ローンで購入したマイホームが物的担保の対象となり、ローンの支払いが完了するまで担保として設定されます。返済が難しくなった場合は物件を競売にかけて残額分を回収できるようになっています。

人的担保とは、住宅ローン残額の返済を第三者に保証させることをいいます。主に保証人、連帯保証人、連帯債務者の３種類があり、債務者本人の返済が滞った場合、金融機関は人的担保の対象者に返済請求を行います。保証人は返済請求に応じる義務はありませんが、連帯保証人と連帯債務者には返済義務があり、債務者に代わってローンを返済していくことになります。金銭トラブルにならないよう、配慮する必要があります。

また、人的担保の場合、申込者の勤務先や勤続年数、年収、資産、ほかのローンの有無などが審査の対象となり、融資額の参考となります。勤務先はその会社の安定性や業種を見られます。開業したばかりの会社、フリーランスの人は審査が通りにくい傾向にあるといえます。

固定金利と変動金利、どちらを選ぶか？

住宅ローンを選ぶ基準の一つに金利があります。よくある失敗例が、住宅会社や金融機関の勧める商品を比較検討もせず、言われるがまま申し込んでしまうケースです。住宅ローンはちょっとした金利や条件の差で総返済額が何百万円も違ってきます。

住宅ローンの金利には「全期間固定金利型」「変動金利型」「固定金利期間選択型」の3種類があり、どのタイプを選ぶかによって総返済額が変わります。現状では金利が半年ごとに見直される「変動金利型」が最も金利が低く、「固定金利期間選択型」は期間が長いほど高めで、ローン完済まで同じ金利が続く「全期間固定金利型」はほ

金利タイプの特徴

		特徴	メリット	デメリット
変動金利タイプ	変動金利型	金融情勢の変化に伴い返済の途中でも借入金利が変動するタイプ 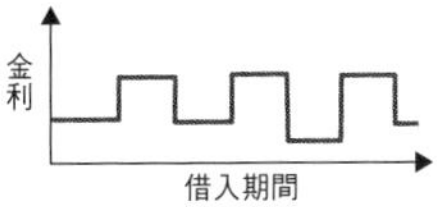 	・一般的に固定金利タイプより金利が低く設定されている。 ・借入後に市中金利が低下すると返済額が減少する。	・借入後に市中金利が上昇すると返済額が増加する。 ・借入時に将来の返済額が確定しないので返済計画が立てにくい。 ・借入後に市中金利が急上昇した場合未払利息が発生する場合がある。
	固定金利期間選択型	「当初〇年間〇％」など、一定期間固定金利が適用されるタイプ 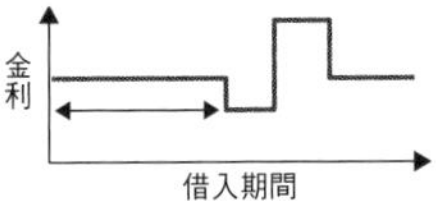 	・一般的に固定金利タイプより金利が低く設定されている。 ・固定金利期間終了後に市中金利が低下すると返済額が減少する。 ・固定金利期間中は返済額が確定できる。	・固定金利期間終了後に市中金利が上昇すると返済額が増加する。 ・借入時に固定金利期間終了後の返済額が確定しないので返済計画が立てにくい。
固定金利タイプ	全期間固定金利型	借入時に返済終了までの借入金利が確定するタイプ 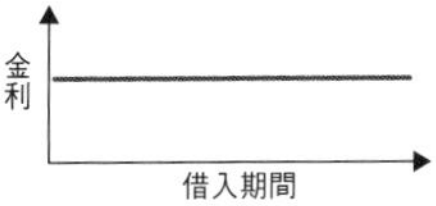 	・借入時に借入期間全体の返済額が確定できる。 ・借入後に市中金利が上昇しても返済額は増加しない。	・一般的に変動金利タイプより金利が高く設定されている。 ・借入後に市中金利が低下しても返済額は減少しない。

出典：住宅金融支援機構「ご自身に合った金利タイプの住宅ローンを選びましょう」

かの2つより金利が高めです。それぞれのメリットとデメリットを解説します。

①全期間固定金利型

金利がずっと変わらないので返済額の変動がなく、返済期間を通じて安心して返済できるのがメリットです。ライフプランを立てやすく、現在より金利が高くなっても安心です。デメリットは、変動金利型や固定金利期間選択型よりも金利が高めで、現在より金利が低くなっても、高い金利で返済し続けなければならないことです。

②変動金利型

返済期間中、金融情勢に応じて金利が常に変動します。通常、半年ごとに金利の見直しが行われますが、返済額の上昇には限度が設けられています。メリットは、金利が下がった場合、返済額のうちの利息部分が減るので、借入元金の減りが早くなることです。デメリットは、金利が上がった場合、利息部分だけで返済額を上回り、未払利息が発生する可能性があることです。

③固定金利期間選択型

返済期間の中で２・３・５年など、一定期間のみ固定でその後は変動になるタイプです。固定金利期間を長く設定するほど金利は高くなります。メリットは、金利優遇商品が豊富で、低金利の商品が多いことです。将来、金利が低下した場合は返済額が減少します。デメリットは、低金利のときに借り入れすると、将来の金利上昇とともに返済額が増えることです。

金利の動向は先読みしにくく、いわばギャンブル的な要素を含んでいます。ですから全期間固定金利型、変動金利型、固定金利期間選択型のどれが有利とは断言できません。住宅金融支援機構の「２０２０年度 住宅ローン貸出動向調査」によると、ローン利用者の75・2％が変動金利型を選択していますが、どれを選ぶかは借りる人の性格にもよります。慎重派で安全を重視したい人には全期間固定金利型を、少々のリスクを受け入れても現在の低金利を重視したい人には、変動金利型を推奨します。

また、ローンの返済方式も2種類あり、それぞれに特徴があります。「元利均等返

返済方法の種類

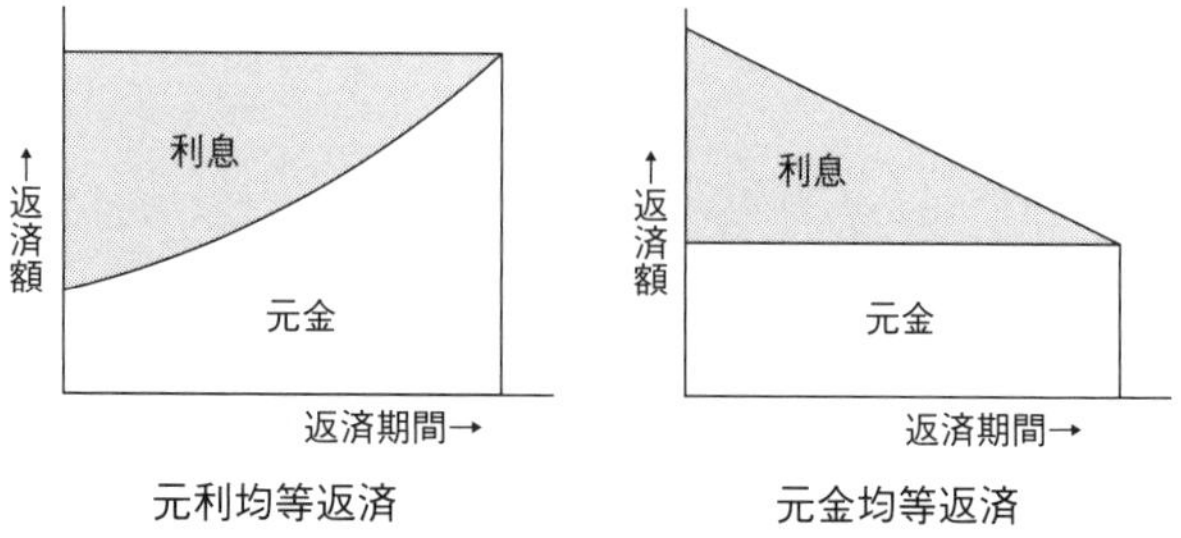

「はじめてのマイホーム　建て方・買い方完全ガイド」を基に作成

済」は、返済額がずっと同じなので返済計画は安定しますが元金がなかなか減りません。一方の「元金均等返済」は元金を一定ずつ返していくもので、当初の返済負担が重くても徐々に軽くなり、同じ返済期間であれば返済総額は「元利均等返済」よりも少なくて済みます。

自分だけで判断することに不安があり、最新の情報や意見を取り入れたいなら、専門家に相談するのがベストです。ファイナンシャルプランナーなど、お金のやりくりに詳しい人にサポートしてもらうことで時間と労力を抑え、家族のライフプランに合った最適な返済プランを組める可能性が高くなります。

「繰り上げ返済」で支払い利息を軽減

ローンを選ぶ際、もう一つ検討しなければならないのが返済期間です。定年退職後にローンの返済が残っていると、退職金や年金が十分支払われない場合に生活に支障をきたします。住宅ローンはできるだけ定年退職までに完済するように返済期間を設定するべきです。

しかも、返済期間は短いほど支払う利息は少なくなります。例えば、１・８％の全期間固定金利で２０００万円を借りる場合、返済期間が35年と30年とでは、月々の返済額は７７２１円増えるだけですが、利息は総額で約１０７万円軽減できます。さらに返済期間を短くして25年にすると、月々の返済額は返済期間35年の場合より１万８６１９円増えますが、利息は総額で約２１２万円も減らすことができます。

子育てに費用がかかる今は厳しくても、将来家計に余裕が出そうであれば、最初は返済期間を長めに設定しておいて、途中で「繰り上げ返済」を行う方法もあります。繰り上げ返済とは、毎月の返済とは別に前倒しで借りた元金の一部を返済することを言います。元金の返済に充てられるので元金にかかる利息がなくなり、ローン負担を軽減できます。返済期間を短縮したり月々の返済額を減らしたりしておくと、金利や収入が変わったときのリスク回避にもなります。

繰り上げ返済には返済期間を短くする「期間短縮型」と月々の返済額を減らす「返済額軽減型」の2種類があり、利息や総返済額を減らす効果が高いのは前者です。

また、繰り上げ返済は余裕資金の範囲で行うのが基本です。30～40代の家庭では、子どもの進学や車の買い替えなど資金需要が多いので、低金利の場合はそうした資金は手元に残し、定年退職が近づいてきた頃に繰り上げ返済を計画するのがよいと思います。

「借り換え」で返済負担を軽くする

住宅ローンの返済額を減らすための見直し方法で、繰り上げ返済以上に効果を期待できるのが「借り換え」です。借り換えとは、新たな金融機関で新しいローンを組み、今のローンを一括で返済する見直し方法です。金利がより低いローンに借り換えることで総返済額を減らすことができます。金利が高い時代に組んでしまったローンや返済額が増えることがすでに決まっているタイプのローンを組んでいる場合は借り換えを行うメリットが非常に大きいといえます。

借り換えのメリットを享受できるのは、①返済期間が10年以上残っている　②住宅ローンが１０００万円以上残っている　③借り換え後の金利が０・５％以上下がるという３つの条件のどれかにあてはまる人です。借り換えには手間とコストがかかりますが、それらを差し引いても得する場合は、ぜひ検討してほしいと思います。今後も急激な金利上昇は見込まれていませんが、アメリカの利上げが本格化するなか、日本にも金利上昇の圧力がかかる可能性がないとは言い切れません。金利が底をついたといわれる今こそ、借り換えのチャンスといえます。

将来の売却や相続まで考慮する

住宅ローンは新築購入時のことだけに目が行きがちですが、売却や相続など先々のことや予期していなかったことが起きた場合のことまで考えておくべきです。例えば、子どもが独立したらマイホームを賃貸に出して移住する、広い家を売却してコンパクトな家に住み替えるという人もいます。建物の価値は築20年でゼロになるとされていますので、売却する際はメンテナンス履歴書など家の資産価値を証明する制度を持つ住宅会社を選んでおくと安心です。あるいは、マイホームを担保にセカンドライフに必要な資金を調達する「リバースモーゲージ」もひとつの考え方です。

また、相続した家に住宅ローンの残債がある場合には、相続人が住宅ローンを承継することが原則です。しかし、住宅ローンに「団信（団体信用生命保険）」契約が付随している場合には、残債を返済する必要はありません。

万が一のときの救世主「団信」

住宅ローンを組む際にほとんどの場合加入しなければならないのが団信です。団信とは住宅ローン返済中に債務者が死亡もしくは高度障害で働けなくなった場合に保険金が下り、残りの住宅ローンが弁済される保障制度です。被相続人が団信に加入さえしていれば、死亡の時点で団信から住宅ローンの全額が返済されるので、以後は相続人が住宅ローンの返済をしていく必要はなくなります。

近年は医療技術が進歩し、三大疾病などかつての不治の病が治療によって治癒する場合が増えています。そこで新たに生じるのが長期治療中に住宅ローンの支払いに耐えられなくなるケースです。そのため、最近増えてきているのが「疾病《しっぺい》保障付き団信」です。なかにはがんと診断確定しただけで保険金が下り、住宅ローンが相殺される保険もあり、「生きるリスク」に備える保障として注目されています。

疾病保障付き団信は原則、保険料が金利に上乗せされます。借り換えで疾病保障付き団信をかけようと思っている人は年齢制限があるので注意が必要です。保障を受けるには50歳未満などの条件があります。

新築を機に、生命保険や自動車保険の見直しをしてみるのもよいでしょう。今まで知り合いのお付き合いで内容もよく知らないまま加入していた生命保険を整理すれば、家計の中の保険費用を大幅にコストダウンできます。

住宅ローンも各種保険もこれからの家族の暮らしに長く関わってくる商品です。無理なく、無駄なく、賢く選んで、新しい住まいでの快適な暮らしを満喫しましょう。

将来シミュレーションの方法

家は人生で最大の買い物といわれますが、お金がかかるのは家だけではありません。人生において出費が大きくなる時期や年収が少なくなる時期に住宅ローンの支払いが重なると、生活が苦しくなります。ライフステージごとに必要な費用をしっかり押さえたうえで、家にかけられる予算を算出することが大切です。人生で出費が最も増えるのは子どもが大学に進学するときで、年収がグッと少なくなるのは定年後です。教育費用に加えて、老後の資金の準備も進めておかなければなりません。

35歳で35年の住宅ローンを組むと、完済時には70歳になってしまいますが、20代後半であれば完済は60代前半となります。つまり、定年とほぼ同時に住宅ローンを完済できるのです。このように、若くしてローンを組み始めたほうが老後の負担が軽くなります。

ライフプランの例

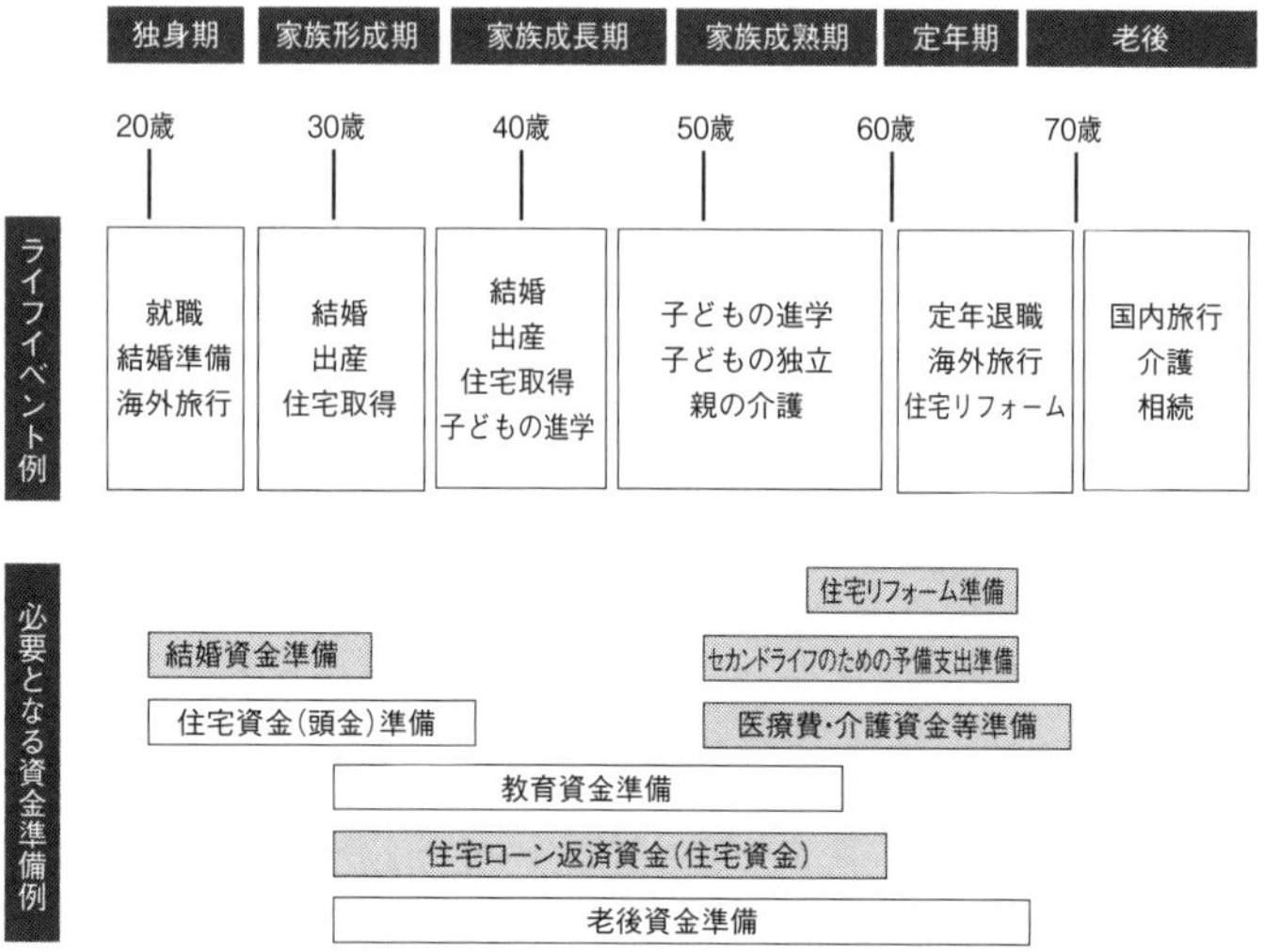

父	35歳	40歳	45歳	50歳	55歳	60歳	65歳	70歳	75歳
母		38歳	43歳	48歳	53歳	58歳	63歳	68歳	73歳
長男		13歳	18歳	23歳	28歳	33歳	38歳	43歳	48歳
	小学校 中学校	高校	大学	独立	結婚？				
長女		11歳	16歳	21歳	26歳	31歳	36歳	41歳	46歳
	小学校	中学校	高校	大学	独立	結婚？			

国民年金基金HP「老後のお金のギモン全部お答えします」より改変

しかし最近は40年ローンや50年ローンという商品を利用し、家計のバランスを調整する人やフリーランスで70代でもバリバリ稼いでいる人もいます。自分のライフスタイルや家族構成から独自のライフイベントと収支表を作ってみることをお勧めします。

住宅ローンを検討する際は、家族それぞれのライフプランをしっかり考えて、ライフプランに沿って返済計画を立てることが大切です。人生においては三大資金（住宅・教育・老後）が必要になります。そこで、簡単に将来の三大資金計画をイメージできる方法を紹介しておきます。

まず簡単なメモ書き程度でいいので表を作ってみてください。そうすると、10～40年後の家族の年齢を俯瞰して把握することができ、いつ、どんな資金が必要になるのか想像しやすくなります。子どもたちが大学に進学するときに自分と妻は何歳か？ローンが終わるとき、定年を迎えるときに子どもたちは何歳か？　何年後ぐらいに子どもから手が離れて妻がパートに出られるか、パートに出てからいつ頃まで働けばどのぐらいの教育費を貯められるか、といったおおよその見通しがつくようになります。自分の年齢と家族の年齢を比較して、「いつぐらいにいくらかかるか」は把握しておくべきです。

さらにもっと詳しいライフプランを知りたい人は専門のプランナーに相談してみましょう。子どもの教育や車の買い替え、家のリフォームや夫の定年退職、繰り上げ返済や保険・税金に至るまで詳しく検討してもらえて、現時点で想定される収支をしっかり把握したうえで何年間でどのように返済していくべきなのか、的確なアドバイスを得られます。

住宅ローン選びでよくある失敗

一般的に、住宅ローンは借入額が大きく返済期間も長いので、慎重に契約しないと思わぬところで失敗し、後悔することもあります。

①頭金に関する失敗

・「頭金０円でもＯＫ！」というキャッチコピーに惹かれて頭金なしで購入したものの、毎月の返済額が多すぎて生活が苦しくなった。

・頭金を入れすぎて、その後一時的に入院したときに生活が苦しくなった。

・頭金を貯めるまでに時間がかかりアパートの家賃を長く払い続けてしまった。

②審査時の失敗

・住宅購入前に後先考えずに新車をローンで購入したため、住宅ローンの審査が厳しくなり、希望の金額を借りることができなかった。

・クレジットカードの滞納歴があり、住宅ローンを組めなかった。

③金利に関する失敗

・比較検討するのが面倒で時間もなかったので不動産会社が提示する金融機関の中から借入先を選んだ結果、ほかの金融機関の金利のほうが低かったので損をした。

・固定金利型よりも月々の返済額が安かったので変動金利型を選択したけれど、心配性なので今後金利が上昇した際に返済できなくなる不安が常にある。
・借り換えの知識がなかったので、長期間高い金利を払い続けてしまった。

④返済スケジュールに関する失敗

・ボーナス返済に頼ってしまった結果、会社の業績が悪化しボーナスが出なかった。
・ローンを早く完済したいと考え、貯金を全て繰り上げ返済に充てたら突発的な支出に対応できず、現在の楽しみにお金を使えなくなって後悔した。

⑤人生の変化や想定外の出来事で返済が難しくなる事例

・離婚することになり、ローンのほかに養育費も支払わなければならなくなった。
・ペアローンを組んでいたが、妻が病気で働けなくなってしまい返済に困った。
・夫が失業しローンを払えなくて仕方なく家を売却した。

住宅ローン選びの失敗から学ぶべき点は多岐にわたります。頭金に関する誤算、審査時の行動、返済スケジュールの甘さ、そして予測不可能な人生の変化に備えないことなどが、のちに深刻な問題を引き起こす原因となります。

これらの事例は単なる一例であり、実際の状況はさまざまです。住宅ローン契約においては、将来の不測の事態に備え、自身の生活スタイルや収入に見合った適切な条件を見つけることが肝要です。

お得な「補助金・減税制度」を上手に利用する

マイホームの購入には頼もしい味方がいます。それが「補助金・減税制度」です。募集時期や地域、建築タイプによって使える補助金や減税制度は異なりますが、最大で１００万円といった補助金もあるので事前に調べておくことをお勧めします。専門用語が多く、法律の知識も必要なので住宅会社に相談してみてください。

新築住宅において満たす条件によって支給される補助金は、以下の４つがあります。

①ZEH（ネット・ゼロ・エネルギー・ハウス）補助金

年間の一次消費エネルギー量（空調・給湯・照明・換気）の収支をゼロ以下にすることを目指した住まいをZEHといいます。これらの一定の基準を満たした住宅は国から補助金が受けられます。太陽光発電や蓄電池を導入する人は注目です。

ZEHの定義を満たしていることに加え、より高性能な住宅設備が備わっている住宅をZEH＋といいます。省エネ基準も高くなり、ZEHでは省エネ基準の20％以上の一次エネルギー消費量削減を求められますが、ZEH＋は25％以上の削減が求められます。さらに、「外皮性能のさらなる強化」「高度エネルギーマネジメント」「電気自動車を活用した自家消費の拡大措置」の3要素のうち2要素以上を採用しなければいけません。

※外皮性能とは外壁や床、屋根や天井、窓、その他の開口部分といった外皮の断熱性、気密性、遮音性、耐久性の性質や能力のこと。高度エネルギーマネジメントは、太陽光発電等の発電量等を把握したうえで、住宅内の暖冷房設備、省エネ設備等を制御できることを指します。

（補助額：55万円／戸＋α　ＺＥＨ＋、次世代ＺＥＨ＋　１００万円／戸＋α）

②子育てエコホーム支援事業

こどもエコすまい支援事業の予算満了を経て、住宅の省エネ化への支援強化策として２０２３年11月10日に予算案が閣議決定しました。エネルギー価格などの物価高騰の影響を受けやすい子育て世帯や若者夫婦世帯への支援策として、高い省エネ性能を有する新築住宅の取得や省エネ改修時に補助金が支給されます。

（補助額：長期優良住宅　１００万円／戸　ＺＥＨ　80万円／戸）

③ＬＣＣＭ（ライフ・サイクル・カーボン・マイナス）住宅整備推進事業

ＬＣＣＭ住宅とは建設時だけでなく、運用時や廃棄時においてもできるだけ二酸化炭素の排出低減に取り組み、併せて太陽光発電などを利用することで再生可能エネルギー、住宅建設時の二酸化炭素排出量も含め生涯を通じての二酸化炭素排出量をマイナスにする住宅を指します。そのような省CO_2化を進めた先導的な住宅に対して補助金が交付されます。ＺＥＨは運用時だけが対象となりますが、ＬＣＣＭは建築時、廃棄時まで対象としている点が違います。（補助額：上限１４０万円／戸）

④地域型住宅グリーン化事業

認定長期優良住宅やゼロ・エネルギー住宅、認定低炭素住宅など省エネルギー性の優れた木造住宅を新築する場合を対象に補助金を交付する制度です。「地域材を使用していること」「国の採択を受けている施工会社であること」が条件です。そのため、大手メーカーではなく、地元の中小工務店で建築を希望されている方向けの補助金です。

（補助額：長寿命型　最大１４０万円　　ゼロ・エネルギー住宅型　最大１４０万円
高度省エネ型　最大90万円）。

さらに、三世代同居、バリアフリーなど条件によって最大40万円まで加算されます。

これら以外にも、市町村など各自治体で地域独自の補助金を交付している場合もあります。それぞれの補助金は、対象者、交付条件、申請期間などが毎年のように異なり、施工業者経由で申請するものも多いので、住宅会社の専門スタッフに相談してください。施主の年齢や希望する建築タイプ・間取りに応じてどの補助金を受けることが可能か、より補助金の大きい額を受けるにはどうすればいいのかを提案してもらうとよいと思います。

住宅ローン減税の申告も忘れずに

住宅ローン減税とは、住宅ローンを組んでマイホームを取得した人の税負担を軽減する制度で、13年間にわたって年末の住宅ローン残高の最大０・７％（上限31・５万円）に相当する額が所得税、住民税から控除されます。

さらに、住宅の省エネ性能等に応じてローン限度額の優遇が受けられるのも重要です。なお、住宅ローン減税を受けるには、入居翌年に確定申告を行うことが必要不可欠です。また給与所得者の場合は２年目から年末調整の際に適用可能となります。

また、親や祖父母から住宅取得資金を贈与してもらった場合、最大1000万円まで贈与税を非課税にする制度もあります。

こういった制度を利用することで、住宅購入における経済的な負担を軽減し資金を有効に活用できます。計画的で効果的な資金運用は、快適な住まいを手に入れる手助けとなるでしょう。

営業担当とのやりとりで注意すべきこと

営業担当は早く契約を取りたいので、自社で提携している金融機関の住宅ローンだけを勧めるケースが多いです。金利の相場などを知っておかないと比較もできないため、事前に自分でも住宅ローンについて勉強しておくとよいでしょう。

また、早く審査を通すためにやみくもに金融機関に個人情報を流す営業担当にも注意が必要です。転職して間もない人、クレジットカード払いの延滞履歴がある人、フリーランスの人など、金融機関によっては審査に通りづらくなってしまい、住宅購入のタイミングを逸してしまいます。

　このように、施主のライフプランはそっちのけで、自社の便宜だけを考えて動く営業担当は、契約後の家づくりやアフターサービスも信用できません。信頼のおける営業担当は、施主が家を建てたあとも豊かに暮らせることを第一に考えて提案してくれます。そんな人は勤勉で、どんな質問に対してもよどみなく答えられるし、決してごまかしたり、嘘をついたりしません。対話を重ねて、この営業担当は施主ファーストで提案してくれる人かどうかを見極めてほしいと思います。

　重要な資金計画・住宅ローン選びを後悔しないためにも、知識豊富なローンのスペシャリストに相談できる体制の整った住宅会社選びも重要です。

第3章

キホンその②

快適な住み心地を手に入れる！
物件選びから引き渡し前の内覧までのチェックポイント

安心・安全に住むための土台となる宅地造成

家を建てるためには土地が必要です。しかし、どんな土地にでもそのまま簡単に家を建てられるとは限りません。いつまでも安全に安心して暮らすためには家の土台となる土壌こそが大事で、建てやすいように整地しなければならない場合もあります。そのときに必要となるのが宅地造成です。

宅地造成とは、宅地以外の土地（森林や農地など）を住宅地等にするため、土地の形質を変更し整備する工事のことです。工場跡地を分譲地にするなど、すでに建物が建っている土地の形質変更も宅地造成といいます。傾斜になっている土地や山、田んぼや畑がある土地をただ平らにすればいいという単純なものではなく、地震などの災害時でも安全性を担保する必要があります。そのため一定の規模以上の土地を宅地造成する場合は、宅地造成等規制法に基づいて、区域内の都道府県に申請し、開発許可

宅地造成

を受けなければなりません。

土地そのものを変える工事なので個人ではできませんし、依頼する業者についても大規模なら中小ゼネコン、中小規模なら土木業者など、工事の規模と用途によって変わってきます。家を建てることが目的の場合、ハウスメーカーや工務店が造成工事を進めていきますが、造成専門の業者に外注するケースがほとんどです。

造成工事には主に3つの作業があります。1つ目は「ライフラインの整備」です。上下水道、ガス、電気など生活に必要な整備を行います。2つ目は「道路の整備」です。車社会の今、車両が安全に出入りできるように考えたり、災害時に問題がないように、近隣の道路事情を考慮した道路計画を考えたりします。3つ目は「宅地の整備」です。

山に近く傾斜が激しい土地や田んぼや畑などの土地は、切土（地面を削り取って地盤面を低く平らにすること）や盛土（土を盛って地盤面を高くすること）をして道路とほぼ同じ高さになるように工事をします。

私の会社では、長く安心して快適に住み続けられる住宅を提供するために、宅地造成の管理も自社で行っています。安心できる住宅を建築できるように土地を整備したうえで新築分譲住宅の設計・施工・現場管理・アフターメンテナンス、さらにリフォーム・リノベーションに至るまで自社一貫体制で家づくりを行っています。なぜなら、全ての工程を自社の社員が行うことで細かいことにまで配慮が行き届き、また外注費を減らせることによってコストカットにもつながるからです。

宅地造成工事で行う5つのこと

①整地・地ならし

整地とは建物を解体した瓦礫《がれき》などをある程度取り除き、きれいな状態にすることです。重機やローラーを使用して平らにしたり、仕上げで砂利を敷き詰めたり、コンクリートを敷いたりするところまで行う場合もあります。整地や地ならしは造成工事をするために必要な基礎工事ですが、仕上げとして行うことも多いです。

②伐採・伐根

整地や地ならしをして一時的に雑草や草木を取り除いても、時間が経つとまた生えてきます。そのため、建物を建てるのに邪魔な草木などを根っこから取り除いて処置を行います。

③地盤改良

田んぼや畑、長年放置されてきた空き地などは地盤が弱っている場合があります。そのままで住宅を建てると、地震などの災害で地盤沈下やひび割れを起こす危険性があるため地盤改良工事を行います。一般的な工事は、表層の土にセメント系固化剤を混ぜて土地の強度を上げたり、鋼杭を打ち込んだりして地盤を安定させます。

④盛土と土留めと切土

地盤改良工事後、土地が道路よりも高い場合は、土地を切り取って低くする切土を行います。逆に道路よりも低い位置に土地がある場合は、そのままでは宅地として活用できないので土を盛り、地上げをして足りない高さを補う盛土をしなければなりません。しかし盛土を行うと、大雨などで埋めて高くした部分が崩壊する危険性もあるので、それを阻止する土留めや擁壁工事が必要になります。

⑤残土の処分

切土を行うとどうしても余分な土砂が出てしまいます。宅地に活用できるようにきれいな土地にするためには、それら必要のない土を敷地の外に運び出して処分しなければなりません。ただし一般廃棄物としては処分できず、受け入れ先も各都道府県で決められており、土質に関しても厳しく規制されているので注意が必要です。

宅地造成工事を業者へ丸投げするメーカーが多い

地震や台風などの自然災害が多い日本では、宅地造成の良し悪しが住まいの安全を左右するといっても過言ではありません。長く安心して暮らせるようにするためにも、宅地造成工事でしっかりと土台を整えるのはとても大切なことなのです。にもかかわらず、宅地造成工事を自社で行わず、専門の業者に任せっきりの住宅メーカーが意外にも多いのです。安い業者に依頼すると、対応が雑で近隣住民や周辺の環境に迷惑をかけることになります。また、産業廃棄物を不法投棄する業者や手抜き工事をする業者なども残念ながらゼロとはいえません。

私の会社では分譲住宅を建てるための土地を自社で買い取り、宅地造成管理も自社で行っています。すでに造成された土地を買い取って販売するか、造成の専門業者に依頼しっぱなしの住宅会社が多いので、宅地造成管理専門の部署を立ち上げて対応している会社は珍しいと思います。

用地買い取りにあたっては、今後も地震を誘発する可能性のある「活断層」が走っているエリアや、津波発生や河川氾濫のリスクがある海や河川に近い場所は原則として買いません。活断層とは無縁の安全なエリアで、元々地盤が強固な土地を探します。さらに、日当たりと風通しが良いこと、近隣に騒音や悪臭を放つ工場等がないこと、小・中学校や生活利便施設が近いこと、交通アクセスが良いこと、道路をはじめインフラが整備されていることなどを条件にリサーチを行い、総合的に判断したうえで用地買い取りに名乗りを上げます。

なぜ、手間とコストのかかる宅地造成の管理を自社で行っているかというと、それだけ地質が家づくりにおいて重要なウエイトを占めるからです。造成後は第三者機関に地盤を調べてもらい、地盤保証書を発行してもらいます。

もう一つの理由は、自社に宅地造成の部署があることで設計部・建築部と情報を共有できるからです。設計士がプランニングしやすいように道路の配置を考えたり、または大工や職人が作業しやすいように地中の障害物を取り除いたり、先々の工程を考えながら造成したりすることができます。設計部も建築部も土地に何か問題が発生したときに、外部の会社に相談しなくても自社でスピーディーに調査できるし、自社で完璧に造成されているからこそ安心して設計も施工もできるのです。造成の段階から全社員が「こんな分譲住宅地をつくろう」という同じイメージを持って工事に取り組めるのは大きなアドバンテージといえます。

地盤調査から建築まで徹底した施工管理と技術力

住まいはまず地盤ありきです。いくら建物が頑丈につくられていても、土台となる地盤がしっかりしていないと安心して暮らすことはできません。同じ敷地内であっても、地下水位や土質などによって地耐力（地盤の強さ）は異なります。そこで私の会社では着工前に「スクリューウエイト貫入試験」と呼ばれる方法で敷地全体の地盤強度を測定します。検査の結果、必要な場合はセメントを使用した地盤改良工事や柱状改良杭等を用いた工事で地盤の強度を高めます。

家の耐久性を高めるためには、基礎を強くすることが不可欠です。そのために私たちは「ベタ基礎」を採用しています。ベタ基礎とは、立ち上がっている部分と床一面を鉄筋入りのコンクリートで一体化し、大きな面で家の重みを支える構造のことをいいます。面で支えることで地震などの衝撃や荷重を地面にうまく分散させることがで

地耐力調査

地盤改良工事

ロング基礎パッキン

ベタ基礎工法

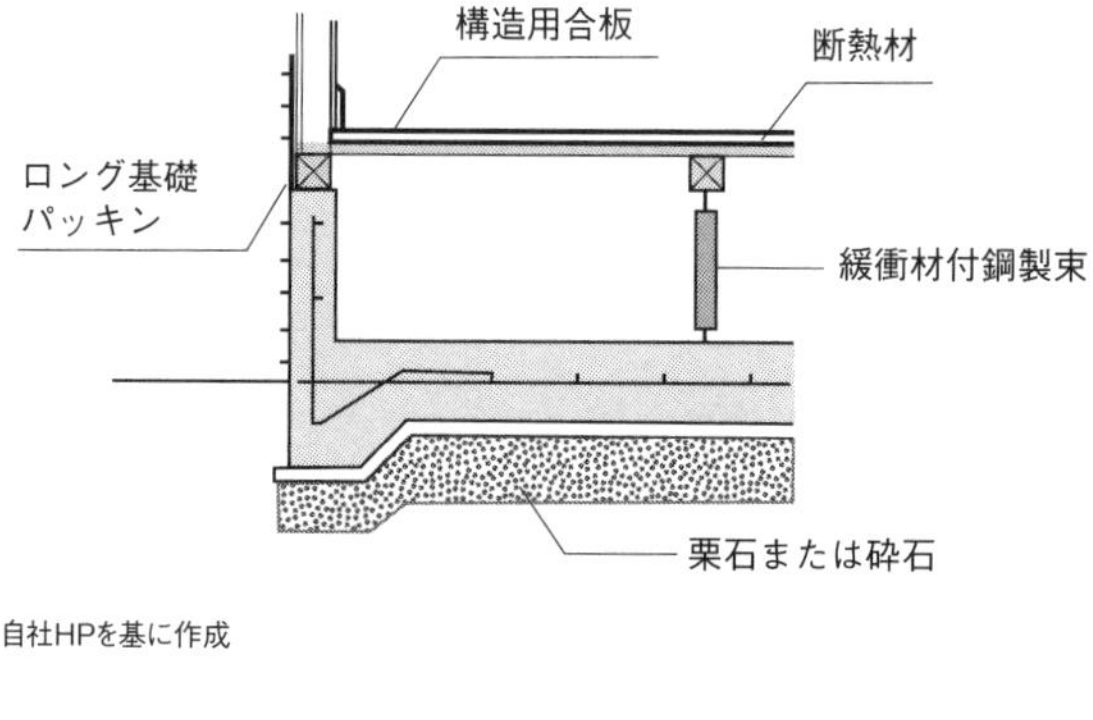

自社HPを基に作成

きるため、床部分に鉄筋を使わず柱や壁部分のみに基礎をつくる「布基礎」よりも耐震性が高いといえます。また、床下の地面を全て厚いコンクリートで覆い、基礎と土台の間にパッキンを挟み込むので通気性が良くなり、湿気による木材の腐食等の心配も減ります。なお、床を支える束《つか》には強度が高くシロアリにも強い鋼製のものを使用しています。

●地盤改良工事・地耐力調査

着工する日に必ず「スクリューウエイト貫入試験」で敷地の地耐力調査を行い、必要に応じて地盤改良工事を実施します。地盤改良工事とは、一例として深さ２ｍほど土を掘りながらセメント系固化材を入れて、土と固化材を混ぜ合わせることで地盤を強固にする方法があります。

●ベタ基礎工法

ベタ基礎は地震などの衝撃をうまく逃がすことができ、床を支える束をスチール製にすることで強度を持続させます。アンカーボルトは座金付ナットを使用し、余分な断面欠損をしないことで土台の強度低下を防ぎます。鋼製束は２ｔ以上の圧縮強度があり、シロアリにも強い金属製で床鳴り防止を考慮してゴムパッキン付のものを使います。さらに、床下の通気性を確実に確保すると同時に耐久性が高く不同沈下しにくいロング基礎パッキンを採用しています。

近隣に配慮した宅地造成工事を行っているか

騒音やホコリ、ゴミなどが出やすい宅地造成工事は近隣住民からの苦情がつきものです。工事中のトラブルが原因で、施主が住み始めてからも近隣の人たちとの関係がギクシャクしてしまうこともよくある話です。施工業者が工事中、周囲に配慮しておけばこうしたトラブルは防ぐことができるので、細かい配慮ができる会社かどうかもチェックしておきたいところです。

私の会社では、こうしたトラブルを防ぐため着工する前に近隣の家に挨拶に回っています。道路や電線など公共の部分にも関係してくる工事なので行政の協力も必要になります。地域の人に宅地造成の目的を理解してもらうよう努めています。

時には現場とは関係のない、近所の倒れかけているブロック塀をついでに修理したり、汚れた道路を清掃したりといった地域の役に立つことも行っています。

建築中の新居には、近隣の人も「どんな人が入ってくるのだろう？」と関心をもっています。実際に住み始める前から近隣の人に良い印象をもってもらうと、新生活で気持ちのよいスタートを切ることができます。

分譲住宅の設計レベルは注文住宅より低いのか？ チェックすべきポイント

ライフプランに沿った資金計画を立て、家を建てる土地も確定したらいよいよ設計に入ります。フリープランの注文住宅は施主の家族構成やライフスタイルによって一

建売住宅と注文住宅の比較

	建売住宅	注文住宅
自由度	△：すでに決められたものを買うので、自由度は期待できない。	◎：工法に始まり間取りや設備、仕様などの細部に至るまで自由度が高い。
仕上がりイメージ	◎：通常は、設計プランに沿って建築している途中、または完成済みであるので、仕上がりイメージがつきやすい。	△：図面や部材サンプルなどで設計プランを決めるので、全体の仕上がりイメージがつきづらい。
工程チェック	△：完成している場合は、建築過程は見ることができない。	◎：建築過程を見ることができる。
コスト	◎：設備や部材をまとめて購入できたり、建築工程の合理化・効率化が図れたりするので、同じものを注文住宅で建てるよりコストが抑えられる。	○：コストをかけるところ、かけないところを選択できる。
プロセス	○：土地と住宅を一括購入するので、短期間で入居できる。	△：土地の購入が先行される。その後、注文住宅の設計プランを決めて建築に着手するので、関係者も多く、時間もかなりかかる。
契約内容	○：建売住宅の売主と「売買契約」を結ぶ。	○：土地の売主と「売買契約」、注文住宅の施工会社と「工事請負契約」を結ぶ。（建築士に設計のみを依頼する場合、別途、設計契約を結ぶ）
資金計画	◎：土地と住宅を一括購入するので、資金計画が立てやすい。	△：最初に、土地の購入代金を支払って土地を取得する必要がある。注文住宅の工事費用も、着工時、上棟時、竣工時に分割して支払うことが多いため、資金計画は複雑になる。

suumo.jp「建売住宅vs注文住宅どっちを選ぶ？ 価格差と特徴 違いを徹底比較」より作成

棟一棟デザインも間取りも性能も異なります。一方、家を建ててから土地と一緒に販売する分譲住宅は最初からデザインも間取りも性能も決まっています。私の会社では注文住宅ももちろん建てますが、主に分譲住宅である建売住宅および売建住宅を設計・施工し、販売しています。

分譲住宅の設計レベルが注文住宅に劣るとは一概にいえませんが、大手ハウスメーカーや年間販売棟数の多い建築業者では、エース級の設計士が注文住宅のデザインを担当し、分譲住宅は経験を積ませる目的もあり、若い設計士に担当させるケースが多いという話を聞いたことがあります。また、注文住宅がメインの会社は、分譲住宅の設計には極力コストをかけず、どれもこれも画一的なデザイン、間取りで販売しているので注文住宅より設計レベルが低いと思われるのかもしれません。その一方で、分譲住宅とは思えないほど設計力の優れた住宅会社もあります。設計レベルの差を見極めるには、同じ住宅会社の注文住宅と分譲住宅を見比べてみて、ほとんど差がなければ設計にかなり力を入れている会社なので信頼してよいと思います。

規模の小さな工務店などでは、基本プランを社長や社内の設計士または営業担当が描いて、契約後は外部の建築家や設計事務所に委託することが多いです。施主の側に立つと、「いい家」さえつくってくれればよいので、これはあまり気にする必要はないと思います。

一般的に住宅設計における主な要点とチェックポイントは次の10点といわれていますが、私たちの設計部でも徹底しています。

①配置計画：採光と通風を考慮した建物の配置、アプローチ、駐車場の問題
②ゾーニング（部屋のエリア分け）：共有部分と個々の居場所のつながり
③間取り：快適な暮らしをかなえる動線、使い勝手。開放感と目線の抜け感
④美しくまとめる力：家具や照明、外構まで考えた総合的なバランス
⑤提案力：施主の要望に加え、プラスαの気の利いた提案
⑥耐震性に対する配慮：間取り、デザインと構造的な合理性
⑦温熱環境に対する配慮：イニシャルコストとランニングコストのバランスを踏まえた断熱・気密性能のレベル

⑧メンテナンスに対する配慮：住み始めてからの点検や補修がしやすい設計
⑨コスト感覚：施主の予算に合わせようとする意識
⑩施主の要望を満たすこと

これら10項目のポイントを意識しながらモデルハウスや完成見学会に参加してみると、その会社の設計力、家づくりに対する考え方が分かってくると思います。

ヒアリングに時間をかけ、施主の要望に寄り添っているか

分譲地と建物をセットで販売される住宅として、「分譲住宅」とほぼ同じ意味で使われるのが「建売住宅」と「売建住宅」です。建売住宅はデザインも間取りも完成もしくは完成間近の状態で販売されます。最初から決まった間取りに買主が合わせて暮らすことになります。これに対して、売建住宅は建築条件付きの土地を購入してから設計・施工する家です。注文住宅に近いのですが、建てる住宅会社が決まっているの

で、その会社の得意とする工法、ある程度制約のある設計の範囲内でつくっていくことになります。

住宅はつくり手の「作品」ではなく、住まい手の大切な「資産」です。ひと昔前の巨匠と呼ばれる建築家のように上から目線で、施主の要望には一切耳を貸さず、自分のエゴを押しつけるといった会社は論外です。

売建住宅に関していうと、良い住宅会社はヒアリングにじっくり時間をかけ、施主の要望にしっかりと耳を傾け、それをかなえるために真摯な姿勢で設計してくれます。私の会社ではまず「ヒアリングブック」というアンケートに家族それぞれの要望を記入してもらいます。外観やインテリアの好み、部屋数、ＬＤＫの広さ以外にも、階段の位置、吹き抜けや和室、書斎は必要か、キッチンや浴室などの設備に関しての要望、洗濯物を干す場所、パソコンの台数と使用頻度、帰宅後はどこで着替えるか、子どもはどこで勉強するか、テレビは家族で観るのか個人で観るのか、寝室でどう過ごしたいか、休日の過ごし方、今所有している洋服や本の量など、駐車スペースは何台分必要か……などかなり細かいことまで多岐にわたって書いてもらいます。

漠然と思っていたことを家族で話し合いながら文字にすることで頭の中が整理され、お互いの「こうしたい」という優先順位に気づくことにより、その後の設計士との打ち合わせにスムーズに入れるというメリットがあります。

そのヒアリングブックを基に、営業担当と設計士が同席して一回目のヒアリングを行い施主と対話を重ねます。聞いて、話して、また聞いて……。雑談のようなくつろいだ雰囲気の中で設計士が家族それぞれの要望、こだわり、好み、価値観などを的確に汲み取り、その場でスケッチをすらすらと描いていきます。時には夫婦自身さえも気づいていない潜在的な要望、心の奥底に封印している声なき声も引き出します。そこがプロの腕の見せどころです。

売建住宅の場合、家づくり初心者が自分の思い描いているイメージを言葉で設計士に伝えるのはなかなか難しいものですが、最近はインスタグラムやピンタレストなどのＳＮＳが発達したおかげで、画像や動画を一緒に見ながら設計士とイメージを共有しやすくなりました。なんのイメージも持たずに、「おしゃれな家を建ててください」「全てお任せします」と言われるのが設計士にとっていちばん困るものです。ただ気をつけてほしいのは、インスタグラムを見て気に入った画像がどの家でも実現できるとは限らないということです。なぜなら、施主によって予算も違えば、土地形状も家の大きさも違うし、家族構成もライフスタイルも異なるからです。あくまでもデザインや間取りの参考程度に利用してもらえたらと思います。

なんでも肯定するのではなく、良くないときは優しく否定し、プラスαの提案を行っているか

注文住宅や売建住宅の会社に相談すると、「ご要望には絶対にNOと言いません！」などと聞こえのいいことを言う営業担当がいます。施主が「こうしてほしい」と望んだことに対してなんでも「はいはい、分かりました」と安請け合いする住宅会社もあります。家づくり初心者である施主から言われたことに対してなんの疑問も持たず、そのまま忠実に取り組むことが果たして顧客満足につながるでしょうか？　構造上または予算上、実現できないことも多いはずです。

設計も含めて家づくりに関しては住宅会社のほうが施主より何倍も詳しく、知識も経験も豊富です。それなのに「はい、できますよ」「それ、いいですね」と、初めて家を建てる施主の言うとおりに設計して、予算内で納得する家を建てられるはずがありません。そういう会社は要注意です。

私の会社では、施主のためにならないと思ったときはいったん要望を受け止めてからやんわりと否定し、「なるほど、確かにそういう考えもありますね。でも、こうしたほうがもっと良くなると思いますがいかがですか」とプロとしてより良くなる提案をします。

例えば、施主が自分で考えてきたというプランを見せてもらい、浴室や洗面室が南側にあり、暮らしの中心となるリビングが北側にある場合は「家中で最も日当たりのいい南側に水回りを持ってくるのは少しもったいないですね。家族が長い時間を過ごすリビングを南側に配置したほうが気持ちよく過ごせますよ」と提案します。ただし、リビングから見える景色が北側のほうが美しい場合は、あえてリビングを北側に配置することもあります。その際も、なぜそうしたのか施主に分かりやすく説明するようにしています。

　ＬＤＫをとにかく広くしたいと希望する施主も多いのですが、なぜそんなに広い空間が必要なのかと聞いてみると、「ただなんとなく広いほうがいいと思って」という回答がほとんどです。確かに広いリビングは開放感があってラグジュアリーな印象を受けます。しかし、広ければ広いほど冷暖房が効きにくいのでそれだけ光熱費が上がります。掃除も大変です。さらに、将来的に子どもが巣立ったあと、夫婦だけで住むには広すぎて持て余すことにもなりかねません。20畳のリビングを18畳にして、その分収納を増やすのも快適に暮らすための一つの方法です。

　最近私の会社がよく提案しているのは、ＬＤＫにソファ以外の座れる場所をつくることです。コロナ禍以降、在宅ワークが浸透してきたり、子どもがタブレットを使って勉強するようになったりとライフスタイルが変わってきて、ＬＤＫで家族が一緒に過ごす時間が以前より長くなりました。しかし、ソファやダイニングテーブルしか座る場所がないと2階の書斎や子ども部屋に移動せざるを得ません。そこで、階段下のデッドスペースを活かしてワークスペースやスタディーコーナーを設けたり、小上がりの和室をつくってカウンターを造作したり、家族それぞれの居場所をつくることで、誰にとっても居心地のいいＬＤＫが実現します。和室をつくる予算が足りない場合は「ヌック」と呼ばれる２畳程度のこぢんまりとした窓際スペースを提案することもありますが、見た目がかわいくてコストカットもできるので若い子育て家族に好評です。

コロナ禍を機に常識となってきましたが、玄関ホールに近い場所に「ただいま手洗いコーナー」を設けます。感染予防になるのはもちろんのこと、子どもが帰ってきたらすぐ手を洗うという習慣が自然と身につくようになります。

また、玄関から洗面室、脱衣室、浴室、パントリー、キッチン、リビング、そして玄関へと回遊できる動線も今やスタンダードになってきました。ワンフロアをぐるぐると回遊できることで無駄な動きが減り、家事時間を短縮することができるので、その分子どもと触れ合う時間が増えたと喜ばれています。

昔も今も、新築後の不満の声で最も多いのが収納不足です。私たちはヒアリングの際に、どこにどれだけの量の収納が必要か、施主と一緒に考えるようにしています。

そのために、今持っている洋服や靴の量、アウトドアなど趣味のグッズ、書籍やＤＶＤ、雛人形や五月人形の有無などかなり踏み込んで聞き取ります。そして、引っ越しのタイミングに合わせて可能な限り〝断捨離〟することも提案します。

さらに、設計するうえで大切なポイントは間取りに「可変性」を持たせることです。人生１００年時代を迎えた今、30歳でマイホームを購入したとすると70年は同じ家に住み続けることになります。その間に子どもが生まれ、成長し、巣立ち、夫婦二人の生活になって、やがて老後を迎えます。その間に二世帯住宅にリフォームしたくなるときもあるはずです。最初からきっちり間仕切りしてつくり込んでしまうと、このような家族構成やライフスタイルの変化に対応できないので、住みにくくなります。

子ども部屋を成長に応じて二間に分けられるようにしておく、いつでも趣味を楽しめるようなフリースペースを確保しておく、介護に備えて全室バリアフリーでなおかつトイレと浴室を広めにつくっておくなど、さまざまなことを想定して設計するのがプロの仕事です。子育てに追われる現在の暮らしだけでなく、20年、30年先の暮らしを見据えて、適宜リフォームを重ねながら快適に住めるような「余白」のある間取りを提案しています。

外観デザインに関しても、「どうしてもこうしたい」と言う人がいますが注意が必要です。10年前に購入した洋服を着るのが恥ずかしいのと同じように、家の外観も流《は》行《や》り廃《すた》りがあります。今流行っているからといって安易に採用すると、10年後に同じような思いをすることになります。時代に左右されないシンプルなデザインにしておいたほうが飽きないし、形状も複雑にしないほうが地震に強く、雨漏りのリスクも少ないです。

いずれにしても、家づくりは施主ごとに予算も好みも価値観も違うので、設計士とじっくり相談したうえでプランニングすることをお勧めします。

優れた設計士は百戦錬磨ですから、土地条件、周辺環境と家族のライフスタイルにジャストフィットするプランを予算管理しながら提案することができます。住宅会社が信頼できるかどうかは、このように施主の要望全てを安請け合いせず、希望を汲み取りながらもプラスαの提案ができるかどうかがポイントになります。

チャットツール「お家《うち》あわせ」の導入

家づくりにおいてトラブルの元になりやすいのが、つくり手と住まい手のコミュニケーション不足です。「こうしてほしいと頼んだはずなのに、なってないじゃないか」「そんな話、一度も聞いていませんよ」という堂々巡りの言い争いです。それまで二人三脚で楽しく順調に進めてきたのに、たった一度の連絡ミスで信頼関係が崩壊することもあります。人間なので誰でも忘れることはあります。そんなミスを防ぐためにも、打ち合わせが終了するごとにきちんと議事録をとってノートやスマホに残しておくのが望ましいです。

私の会社では、スタッフと施主との円滑なやりとりを行うために「お家あわせ」という独自のコミュニケーションツールを開発し、フル活用しています。子育てしながら夫婦共働きの家庭が多い今、施主と連絡を取れるのが夜遅くなってしまうケースも多いので、いつでも気軽に意見交換できるようにしようという目的で作りました。チャットにしたことで24時間３６５日いつでもやりとりができるし、文字として残るので「言った」「言わない」という話の齟齬《そご》もありません。

それとは別に、施主のなかには自分たちで「家づくり交換ノート」を作っている人もいます。家にある家具や家電のサイズを書いたり、やりたいことや確認したいことを書いたりしたノートを毎回の打ち合わせに持参して、営業担当に言い忘れないようにするためです。

また、営業担当だけでなく、住宅ローン担当や設計士などが閲覧し共有できるメリットも大きいです。何か不安なことがあれば、専門部署の社員に相談して速やかに解決することができます。このツールを導入してから打ち合わせや訪問・来社のスケジューリングも容易にできるようになり、時間のロスや「うっかりミス」が激減しました。施主からも「早朝でも真夜中でも時間帯を気にせず連絡できるのでストレスがなくなりました」と好評です。なかには、私たちスタッフとやりとりしたメールの内容を保存し、入居してから時々読み返して懐かしんでいる施主もいます。家づくりにもストーリーありです。

構造計算で耐震等級3を確保することの重要性

どんなに美しいデザインに仕上がっても、どんなに住みやすい間取りができても、建物を支える構造に不安があるとしたら安心して暮らすことはできません。家族のライフスタイルに合った住み心地のいい家をデザインするのが設計士の仕事ですが、その前に安全性を確保することが大前提です。能登半島地震で倒壊した多くの古い木造住宅は耐震補強されておらず、改めて耐震性能の重要さが浮き彫りになりました。日本は地震大国である以上、いつまた巨大地震が発生するか予測がつきません。耐震性に関しては、モデルハウスの見学時や最初の面談で耐震の最高等級3を取得しているのかどうかを確認してください。少なくとも耐震等級3相当以上でないと不安です。

私の会社では、注文住宅の全棟で構造計算を行い（売建住宅も希望に応じて行います）、耐震の最高等級３の認定を取得しています。構造計算は木造２階建てまでは法律で義務付けられてはいませんが、私たちは大地震に備えて必ず実施しています。

地震から家を守るための耐震等級３ですが、等級３が全て同じ強度かというとそうではありません。木造２階建てで耐震等級３を取得するには性能表示で認定を取る「壁量計算」と緻密な構造計算による「許容応力度計算」という２種類の計算方法があります。「許容応力度計算」による耐震等級３が最も地震に強い構造といえます。「壁量計算」は間取りの横軸・縦軸で耐力壁の量が十分かどうかをチェックするだけの簡易的な計算方法です。これに対して「許容応力度計算」は荷重や地震に対して柱や梁などが十分に耐えられるかどうかを検討する作業となり、調査資料は膨大なページ数になります。私の会社ではこの「許容応力度計算」を自社で行い、数値データに基づいた根拠のある強度を確保したうえで安全・安心な家を設計します。

設計事務所や大手ハウスメーカーは許容応力度計算を行うのが通例ですが、ビルダーや工務店のほとんどは構造計算を実施しませんし、するとしても壁量計算止まりです。ビルダーや工務店のほとんどはコストと時間がかかるから許容応力度計算がなかなかできないのですが、私の会社ではその手間を惜しまずに実行しているので、安全・安心な耐震構造をベースに、デザインと快適に暮らせる間取りを両立した分譲住宅を速やかにプランニングすることができるのです。

有害物質のチェック方法

新築した家に入居する際には、建材や接着剤などから出るトルエン、キシレンといったＶＯＣ（揮発性有機化合物）やホルムアルデヒド等の有害物質を心配する人も多いと思います。空気中にこれらの成分が多いとシックハウス症候群などを発症する可能性があります。シックハウス症候群を発症すると、目がチカチカする、頭やのどが痛い、めまいや吐き気がする、といった不快な症状に悩まされます。

有害物質の有無をチェックするには、ＶＯＣ検査を行って測定する方法があります。しかし、導入している会社は少ないのが現状です。

私たちは住む人の安全性を重視しているので、ホルムアルデヒドの発散濃度が低いＦ☆☆☆☆（エフフォースター）の建材だけを使用しています。なかには「オール自然素材で建てる家」「オーガニック１００％の家づくり」を謳う住宅会社もありますが、床材や壁材が自然素材でも建具や家具などに使われている接着剤に有機化合物が含まれていることが多いので、鵜呑みにしないほうがよいと思います。そこまで自然素材にこだわろうとすると莫大なコストがかかるので現実的ではありません。

図面が素晴らしくても現場の腕が未熟だと、いい家はできない

家の完成度は大工の腕にかかっています。実際に家を建てるのは設計士ではなく、大工だからです。設計士が素晴らしい図面を描いたとしても、大工の腕が未熟だったり、彼らを指揮する現場監督のスキルが低かったりすると、いい家はできません。まさに絵に描いた餅です。なかには、現場に社員や現場監督が不在で、外注の大工や職

人に任せっきりにする会社もありますが、そういう会社の建てる家では当然のことながらミスやトラブルが多発しています。例えば、大工は利益が少ないと思ったら設計図にある材料とは違う安い材料に落としたり、ひどい場合は断熱材を入れ忘れたりすることも起こり得ます。

私の会社では、業者会に所属している専属の大工、職人、業者しか現場に入れません。この業者会は下請け業者のレベルアップを目指して50年前に発足した組織で、地域密着の家づくりを基本方針に施主の要望に細やかに応え、より良い建物をつくることを第一に会員同士の情報交換、スキルアップを目指しています。

ただ腕がいいというだけでなく、私の会社の経営理念、家づくりを深く理解し、人間的にも信頼のおける大工、職人が集まっているので全棟の仕上がりにムラがなく、品質も安定しています。

そんな大工、職人を指導するのが現場監督です。オーケストラにたとえると指揮者にあたる重要な存在です。現場監督を外注する会社は、監督が現場を転々とするため工事に目が行き届きにくく、ミスが発生しやすくなります。私の会社の現場監督は11

人全員で、どの現場もしっかりと管理することができます。

図面との整合性がきちんととれているのか目を光らせるのが現場監督の主な仕事です。建築基準法に則り、一つひとつ説明書どおりに施工されているかどうか、無視して施工されていないかをチェックして写真に残します。優れた設計と確かな施工力が高いレベルで両立し、管理できてこそ本当に「いい家」が完成するのです。

工程を確認し、品質をチェック

同じ住宅会社で建てた家でも丁寧に建てられた、いわゆるアタリの物件と不具合の起きるハズレの物件があります。良い家を建てるためには、建築の各段階できちんと確認していくことが重要です。残念ながら手抜き工事や杜撰《ずさん》な工事をする住宅会社が世の中にはびこっています。ハズレの物件とならないためには業者任せにせずに、きちんと自分でもチェックすることで回避することができる場合もあります。自分たちの大切な家が要望したとおりになっているか、急ぐあまり手抜きとなっていないかを自分の目でチェックしてほしいと思います。

そうは言っても建築の素人である皆さんが現場を見てもよく分からないかもしれませんが、施工中の現場に施主が足を運ぶことが大事なのです。施主が現場に来ることによって大工の気持ちが引き締まるし、モチベーションも上がります。「今どんな作業をしているんですか？」「これはどういう目的でやっているんですか？」と仕事の邪魔にならない程度に質問してみるのもよいでしょう。

私の会社では工事別に専用のチェックシートを用意して、電気工事や水道工事をはじめ、各工事が計画どおりに進んでいるかを確認しています。チェックするのは入社1～3年目までの若手社員です。こう話すと「そんな経験の浅い社員に任せて大丈夫なんですか？」と同業他社の人に驚かれるのですが、あえて経験の少ない若手に任せています。なぜそうしているかというと、現場の知識も経験も浅いからこそ、設計図書にあるとおりになっているかを客観的な目線で冷静に見ることができるからです。予備知識を持っていないので〇か×かをはっきりと判断できるのです。これがベテランの社員だと△という曖昧な判断をする傾向があり、その油断が後々不具合を生んでしまいます。

このような住宅会社が備えているチェックシートの中に、例えば入居前点検などの施主にもチェックできる工程がある場合には、業者に問い合わせ自分でチェックする際にそのシートを活用するのも一つの方法です。

長く安心して住める家を建てるためには、設計士が指示したとおりに現場の工事がなされているか、工事は工程どおり順調に進んでいるかを第三者がチェックすることが大切なのです。

営業担当、設計士と連携し、図面と照らし合わせながら意見交換しているか

大手ハウスメーカーは別として、設計を完全に自社で行っている住宅会社はまだまだ少数派です。多くの会社が基本プランだけ社内で作成し、契約後に外部の設計士に

発注するスタイルをとっています。人件費と労力を抑えるためでしょうが、設計が外注だと営業担当と連携がとりにくいため、時間をロスするだけでなくミスも起こりやすくなります。図面の修正をお願いしても、次のプランが出てくるまでに時間がかかるので待っている施主もストレスが溜まってしまいます。

私たちは、営業担当・設計士・現場監督の全員が正社員でワンチームとなって最良の家づくりに臨み、想いをカタチにします。現場では、図面と照らし合わせながら間取り、家事動線、収納計画、設備や建具・階段の収まり具合、使い勝手などをチェックし、それぞれの立場から意見交換します。自社に各部署のプロフェッショナルが在籍しているからこそ、何か問題点が浮かび上がったときでもすぐに相談して議論し、解決方法を探ることができるのです。どうすればより安全・安心で快適に住みやすくなるか、どうすれば光熱費や修繕費を抑えられる家にできるのか、施主ファーストの家づくりを行うためにチーム一丸となって丁寧に進めていきます。

資金計画から入居後の暮らしまで見守ってくれるサポート体制があるか

理想をいえば、住宅ローンの相談から土地探し、設計・施工・現場管理・入居後のアフターサービス、さらに将来のリフォームや売却に至るまで全て同じ住宅会社でできたら安心です。いちいち金融機関や不動産会社、設計事務所、リフォーム会社に行く手間が省けるし、住宅会社との信頼関係が深まるので、どんなことでも相談しやすいのがメリットだと思います。

私の会社では、契約後の細かな図面の打ち合わせから融資の相談、建築中の中間検査、完成後の建物検査まで一貫して行う独自のシステムを導入しています。そのため、営業・設計・現場管理・住宅ローン・アフターサービスの各スタッフが連携して情報を共有し、施主の夢の実現に向けて協力して動くことができます。施主から問い合わせの電話があった際、営業担当が不在だとたらい回しにされるケースが多いのですが、私の会社では全部署のスタッフが施主一人ひとりの情報を把握しているので柔軟に対応することができています。

以下は、契約締結後から入居後のアフターサービスまで、私たちが行っているサポート体制をステップごとにまとめたものです。

［ステップ1］予算や要望に合わせてプランを提案

売建住宅の場合、契約後、営業担当と設計士が施主の要望をヒアリングし、間取りプランの打ち合わせに入ります。敷地条件や予算、収納や使い勝手など、あらゆる要素を加味し、プロの立場でアドバイスしながら図面に落とし込み、間取りを決定します。雑談のような楽しい雰囲気で行うヒアリングは毎回盛り上がり、引き渡し後「もう打ち合わせがないのが寂しいです」という施主が多くいます。

［ステップ2］安心の資金計画

自己資金、借入金額、返済方式など、ライフプランを見据えて堅実な返済シミュレーションを行います。事前審査や融資、税金の相談なども自社のファイナンシャルプランナーが適切に、本音でアドバイスします。一般の住宅会社は2〜3社の金融機関としか付き合いがないので選択肢が限られますが、私の会社は大阪府内のほとんどの金融機関と長年の取引実績があるので、施主さんごとに最適な金融機関と商品を提案できるのが強みです。

［ステップ3］各段階で手《て》間《ま》隙《ひま》かけて施工状況をチェック

着工してから地耐力調査、地盤改良工事、基礎工事、構造躯体の組み立て、上棟を経て建物中間検査に入ります。建築中の各工程で現場監督が施工状況を厳しくチェックします。特に建物の土台となる基礎部分については社内の専門部署と入念に確認検査を行いながら丁寧に工事を進めていきます。この何重にもわたるチェック機能こそが私たちの生命線です。

［ステップ４］現場監督による厳密なチェック

建物完成後は特定行政庁の検査だけではなく、長年経験を積んできた自社の現場監督による独自のチェックも行い、強度や安全性を厳しく確認します。外構工事が終わったら完成で、図面どおりに仕上がっているか社内スタッフによるチェックを行い、最後に施主立ち会いのもと最終確認、問題がなければ晴れて引き渡しとなります。必要な登記手続き、決済などを終え、設備の使用方法を説明してから家の鍵を渡しますが、そのときは涙を流す施主もいるほど感動の瞬間を迎えます。そしていよいよ新生活のスタートです。引き渡し後も私たち独自のアフターサービスで住まいと暮らしを一生涯サポートします。

高耐震・高断熱の「２×４工法」で安心を確保

今、日本国内にある木造住宅の多くは伝統工法である木造軸組工法（在来工法）で建てられています。その理由は、高温多湿な日本の気候風土に適しているからです。柱、梁、筋交《すじか》いなどの骨組みで建物を支える構造で、接合部は金物、土台はアンカーボルトで固定し、建物のねじれやゆがみを防ぎます。間取りの自由度が高く、将来の増改築も容易にできます。しかし、大工の腕によって収まりや仕上がりの精度にバラつきが生じやすく工期が長いのが難点です。

　これに対して、私の会社では２×４《ツーバイフォー》工法（枠組壁工法）を採用しています。カナダから輸入された工法で、主要部材に２×４インチの角材を使うことからこう呼ばれています。角材で作った枠に構造用合板を打ち付けてパネル化し、それを起こして壁、床、天井をつくります。なぜ２×４工法を採用したかというと、約25万戸が全半壊した阪神・淡路大震災の際、ハウスメーカーが実施した被害確認調査で２×４工法の住宅が全半壊０軒だったと報告されていたからです。また、作業の手順がマニュアル化され、チェックも厳しいので誰がつくっても品質を保てるのが強みです。

　さらに、事前に工場で構造材を大量につくって現場で組むので工期が短いというメリットもあります。具体的にどんな特徴があるのか、５つのポイントを説明します。

2×4工法と在来工法の外力に対しての働きの違い

■ 2×4工法　　■ 在来工法

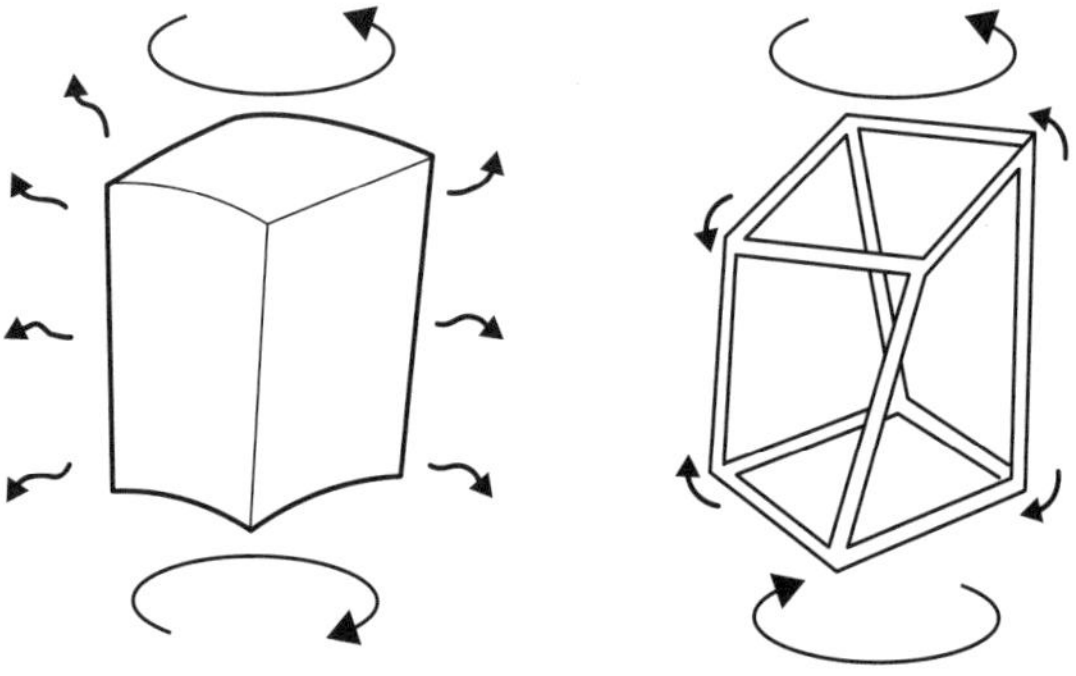

面全体で力を分散

角に荷重（回転力）が伝わり
ねじれを起こしやすい

自社ホームページを基に作成

①耐震性

柱や梁などの線で支える木造軸組工法に比べて、２×４工法は床、壁、天井などの六面体で支えて建物全体に力を分散させるため、より大きな力に耐えることができ、建物のねじれやゆがみが起こりにくいです。転がしても変形しないサイコロの原理と同じです。

一方の在来工法は設計の自由度が高い反面、四方に荷重が伝わるとねじれを起こしやすく、横揺れに弱いという欠点があります。

②耐久性

ファイヤーストップ構造概念図

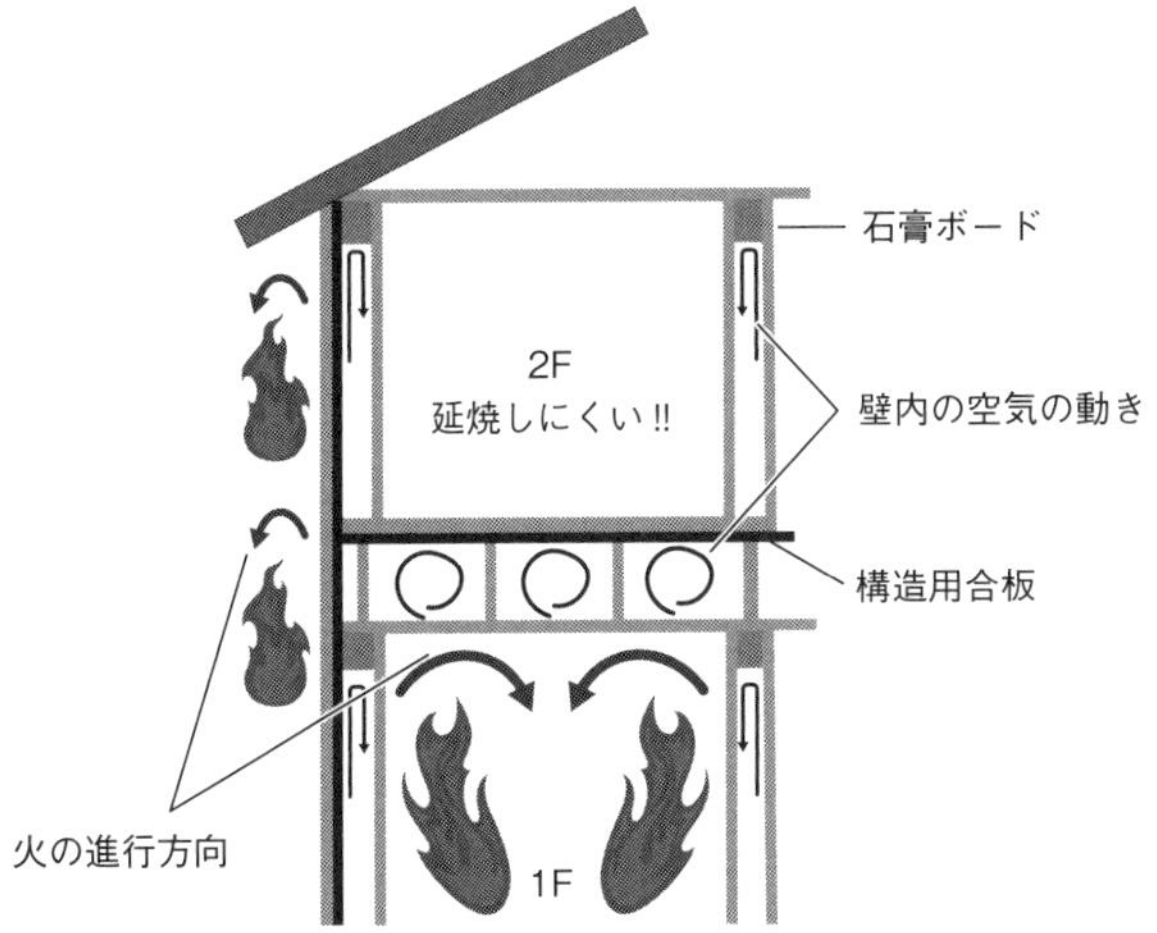

自社ホームページを基に作成

木材の引っ張り比強度は鉄の約３倍で、圧縮比強度はコンクリートの約12倍です。要所に適した補強金物を使用することでねじれの力にも対応します。構造体同士の接合には部位に応じて最適な補強金物を使用することで高い耐風性を発揮します。

③耐火性

木はある程度の厚さがあれば、燃えた部分が炭化層となって火の回りを抑え、それ以上燃え進むのを食い止めてくれます。そんな木の防火作用に加え、壁や天井に貼られた石膏《せっこう》ボードや壁内部の断熱材が延焼を防ぐ役割を果たします。

床や壁が防火の働きをする構造を「ファイヤーストップ構造」といいます。2×4工法では、床や壁の内部の構造一つひとつが防火区画の働きを果たし、火の回りが遅くなります。このように2×4工法は、二重三重の防火機能を持つ「ファイヤーストップ構造」になっているので初期消火の可能性が高く、火災時の被害を最小限に抑えることができるのです。

④断熱・気密性

もともと断熱性に優れた木と断熱材の組み合わせにより、冷暖房効率がよく経済的です。木材の熱伝導率は鉄の約480分の1ですが、この熱を伝えにくい木材の特性にプラスして、石膏ボードとグラスウール断熱材を効果的に組み合わせることで外気と室内の熱の出入りをシャットアウトし、高い断熱性を発揮します。また合板で囲まれた2×4工法の家は密閉度が高いので気密性も高いといえます。

⑤遮音性

断熱材が防音壁の役目を果たし、内外の音漏れをカットします。電車の音が気になる線路沿い、車の騒音が気になる高速道路の近くでも静かな居住空間を実現します。また、２階床板と１階天井板の間に空間を設けた天井を採用することで音が直接伝わらず、上下階の音漏れも大幅に軽減するので、１階に親世帯、２階に子世帯が住む二世帯住宅にも最適です。

現場の清掃、整理整頓、後片付けが行き届いているか

昔の建築現場といえば「危険・汚い・きつい」の３Kが当たり前といわれていました。お世辞にも清潔とはいえない作業服を着て、ボサボサの髪形をした大工や職人がタバコを吸いながら作業する光景もよく見られたものです。そんな現場ですから、ゴミや建材の破片などが散乱しているのは日常茶飯事で、施主や現場監督に挨拶すらし

清掃、整理整頓が行き届いた施工現場の例

ない大工さえいたものです。そんな悪しき慣習が平気で通用していた業界でもありました。

　しかし時代も変わり、世の中は進化しています。建築現場で働く人の意識も変わってしかるべきです。何千万円もする家を建てる現場が汚いのはおかしいし、きれいな現場なくしていい仕事はできないというごく当たり前の考えから、私の会社では「現場きれい活動」を実践しています。施主から預かっている大切な家（建築現場）を同じ気持ちで大切にしたいという想いで始めました。50項目以上からなる現場での約束事を全ての大工、職人と共有し、「安心・安全・きれい」な現場づくりに励んでいます。特に汚いといわれる仮設トイレの清掃には余念がなく、一日数回のチェックを行っています。

また、「魅せる現場」を意識してオリジナルの看板や提示物を設置したり、地面を見せないようにシートを敷いたり、施主が内覧したいときのためにスリッパを用意したりしています。現場をきれいに保つことは無理や無駄な動きがなくなってスムーズに工事を進めることが可能となり、大工や職人の安全確保にもつながります。

そんな取り組みが評価されて、一般社団法人「現場きれい推進協議会」が主催する「魅せる現場コンテスト２０２１」において、日本全国から応募した工務店のなかから私たちの施工現場が最優秀賞を受賞しました。また、会社に贈られるこの賞とは別に、現場きれい活動に携わった個人に与えられる「魅せるアイディア賞」も私の会社の社員が受賞しました。

このコンテストは、現場をきれいにすることで安全や良品質、丁寧な仕事をしていくことや職人のマナー向上を通じて「魅せる現場」を実現し、施主に喜んでもらうことを目標にしており、社員の大きなモチベーションにもなっています。これからもきれいな現場で品質の良い工事を行い、地域の方のため、そして何より施主のために、まずは大阪№1、そして関西№1、いずれは全国№1の住宅会社を目指します。

大工、職人、出入り業者の作業は丁寧か

現場で働いている大工、職人の仕事ぶりを見れば、その住宅会社の実力が分かります。いつ現場を訪ねても気持ちのいい挨拶をしてくれたり、質問したらなんでも親切に教えてくれたり、そんな大工が建ててくれる家は仕上がりの精度の高さが違います。逆に大工がいつも無愛想で挨拶もせず、後片付けが雑であると心配になります。

私が経営する会社では、施工に一定の品質を確保するために「ビーバー会」という協力業者会を組織して、会社が認めた大工、職人、業者のみが現場に入り作業を行っています。2カ月に一度業者が集まって現場の状況を報告し、問題点を議論しあう月例会、施工における問題点を解決する技術専門委員会、年に一度全職人を集めて行う

マナー研修会を開催し、定期的に抜き打ちで現場をチェックする現場マナーパトロール等を行い、互いの技術とマナーの向上を目指すとともに、どの業者が施工しても一定の品質を保てるよう統一性を高めています。優秀な業者は全員の前で表彰し、日頃の努力をたたえます。

いつでも施主に現場を見せてくれるか

施工状況を自分の目で確認することが大切なので、施主に現場を見に行ってほしいのですが、住宅会社によっては施工中の現場を見せてくれない会社もあります。「危険なので、工事が終わるまで遠慮してもらっています」というのは建前で、現場を見られて変更したいと言われたら困る、あるいは施工に自信がないとか、現場が汚いから見せたくないというのが本音だと思います。しかし、大事なマイホームです。一度、住宅会社に現場を見たいと話してみるとよいでしょう。

私の会社では、施主から要望があれば、いつ現場を見に来てくれても歓迎しています。予約も要りません。現場の清掃、整理整頓、大工・職人の挨拶とマナー、そして施工力に自信があるのでいつでもオープンにしています。危険性を考慮してヘルメットとスリッパだけは着用してもらいますが、隅々までじっくりと大工や職人の仕事ぶりを見て評価してほしいと思っています。見ている途中で質問があれば、丁寧に分かりやすく説明します。子ども連れの場合は、足場だけには近づかせないようにお願いしています。施主に現場を見てもらうことで、大工や職人も「この家族がいつまでも安心して幸せに暮らせるよう丹精込めてつくろう」と気持ちを新たにすると思います。

上棟後も施主に現場に来てもらい、コンセントの位置や窓の位置などを確認してもらうこともあります。工程が間に合う限り変更にも対応することができます。

また、いい家を建てる会社は現場を見れば分かります。時々、山のように積まれた材木や鉄筋がむき出しで雨に打たれっぱなしになっている現場を見かけますが、湿気を大量に含んだ木や濡れた鉄筋をしっかり乾燥もさせないで構造や基礎に使うつもりなのかと想像しただけで怖くなります。

高温多湿の日本で木造住宅を建てる以上、湿気は最大の敵なので、このようなことはあり得ないことです。

私の会社では、大雨や台風前の養生には特に気を配っており、明日大雨が降る、雪が降る、台風上陸の恐れがあるという予報が出た場合、飛散防止のシートで家全体をがっちりと覆ったり、足場にシートをかぶせてロープを強く巻きつけて倒壊を防いだり、建築資材も濡れない場所に移動したりして風雨から守っています。現場監督全員が手分けして各現場を走り回り完璧に養生するのが私の会社の基本ルールです。

住宅会社と大工の関係

かつては大工になりたいという夢を抱く若者も多くいて、受け入れる住宅会社側でも大工の養成に力を入れた時代がありました。しかし、現在は後継者不足や人材難の影響もあって大工を自社で雇うことができず、ほとんどの住宅会社が外注に頼っています。ですから、仕上がりの精度にムラが出てしまうのです。

私たちが建てる新築住宅は、注文・分譲を問わず直営の大工および工務店の専属大工が現場に入ります。ほぼ全員が専属として私の会社の家だけを建てているので、現場監督やほかの職人たちと深い信頼関係が構築されています。つまり、技術もマインドも高いレベルで安定しているので、全棟の仕上がりが均一で安心して任せられるということです。

時々人手が足りなくて新しい大工に来てもらうこともありますが、どんなに腕がいい大工でもマナーが悪かったり、挨拶ができなかったり、チームワークを乱したりする人は二度と頼みません。

また、数年前から全社的に「現場きれい活動」を合い言葉に仕事をしていることもあり、私の会社の現場では大工もきれい好きな人が多いです。きれい好きな大工は腕が良くて段取り上手な人が多いのも事実です。大工の命である道具を大切に扱わない人、休憩時に現場や付近でタバコを吸う人、身だしなみがだらしない人、昼食後にゴミを出して片付けない人、掃除が下手な人にいい仕事はできないと思います。

つまり住宅会社がどのような大工に建ててもらっているか、ということも住宅の仕上がりに関わってくるので重要なチェックポイントなのです。

モデルハウスはココをチェックせよ

マイホーム購入を検討するとき、多くの人がまず総合住宅展示場や街角のモデルハウスを見に行くと思います。きらびやかな外観デザインとホテルのスイートルームのような室内装飾を見て憧れを抱く人も多いはずです。忘れないでほしいのは、ほとんどのモデルハウスが客寄せのための「ショールーム」であるということです。多くのモデルハウスが現実離れした大きさで、豪華につくられています。

営業担当がいたら、どこまでが標準仕様でどこからがオプション扱いなのか質問してみてください。ついでにこの建物の大きさと設備仕様でいくらですか？と聞いてみるのもいいと思います。

そして、建具や設備の使い勝手はどうか、家事動線は時短を配慮して設計されているか、収納量は十分あるかを確認すること、玄関や寝室、子ども部屋のクローゼットは扉を開けてチェックしてみることが大事です。その中に掃除道具やカタログが雑に突っ込んである場合は信用できない会社だと思ってください。そういう会社は、外から見えない場所は手を抜いてもいいだろうというスタンスなのです。

また、キッチンが素敵！お風呂が広い！庭でバーベキューができそう！と感動する気持ちも分かりますが、いったん冷静になってソファやダイニングチェア、和室の畳などに座って室内を見渡してみてください。家にいるときは立っている時間より座っている時間のほうが長いので、座ったときに空間がどう見えるのか、目線の高さと空間の「抜け感」を確認してほしいのです。さらに、真夏や真冬に足を運んで、外気温と室内温度との差を体感してください。その空間が心地よいと感じたら、エアコンの設定温度が今何度なのか記録しておくといいと思います。

コロナ禍を機に家族が家で過ごす時間が増えたことを反映して、玄関から近い場所にある手洗いコーナー、リモートワークスペース、趣味を楽しむための小屋裏、ランドリールーム、浴室、ＬＤＫへと回遊する動線なども一般的になってきました。それが、そのモデルハウスにも備わっているかどうかを確認してください。備わっていなければ、その会社の営業力・設計力は時代から取り残されています。

また、デザインや間取りだけでなく、モデルハウスではスタッフにも注目してみるとよいと思います。自分のペースで見学したいのに、ピタッとくっついて離れない営業担当、一方的に会社の自慢話や他社の悪口を言い続けるおしゃべりな営業担当、その反対にまったく説明しようともせず、手持ち無沙汰に立っているだけの営業担当はいただけません。施主が何を求めて来ているかをタイミングよく察知して、ほどよい距離感をキープし、何か質問されたらよどみなく答えてくれる、そんな気の利いた営業担当に接客してほしいものです。さらに、話してみると伝わってくると思いますが、スタッフ全員が家づくりを好きかどうか、会社の雰囲気がアットホームかどうかも住宅会社選びの大事なポイントになります。

家づくりが心の底から好きな人でないと施主に対して的確な提案ができないし、スタッフ同士の仲がいい会社でないと家づくりを一緒に楽しめないと思います。

私の会社でも複数のモデルハウスを随時公開しています。図面では分からないことも、実物を見ることで確認しやすくなるはずです。奇抜で大きなモデルハウスではなく、全棟リアルサイズなので実際の暮らしをイメージしやすいと思います。朝、昼、夜と時間帯を変えて見学することもできます。モデルハウスごとにデザイン、間取り、インテリア、全体の雰囲気が違うので、じっくり見て、触れて、体感して、「いいとこ取り」をしてください。そして、家づくりが好きで好きでたまらないスタッフたちと住宅ローンのこと、土地探しのことなど気になることを、ぜひ話してみてほしいと思います。

第4章

キホンその③

大切な家に永く住むために、
購入後のアフターサービスを
重視する！

なぜアフターサービスが大事なのか？

家は完成して終わりではありません。そこで暮らす人にとっては、その先、10年、20年、30年と、その家と付き合うことになります。年月が経つにつれて不具合が出たり、補修や交換が必要になったりしたとき、施工した会社に相談できると安心です。住宅会社を選ぶ際には、引き渡し後のメンテナンスや定期点検、不具合が出たときの対応はもちろん、会社の制度としてアフターサービスや保証制度が整備されているか、将来のリフォームにも対応可能かどうかの確認が大切です。

不動産・住宅サイト「スーモ」の調査によると、家づくりで重視したいランキングは1位が耐震性、2位が耐久性、3位が間取り・プラン、4位が断熱性・気密性、5位がアフターサービス・長期保証、6位が二世帯住宅となっています。

このデータからも分かるように、多くの人は地震に強くて断熱・気密性能が高くて、快適に暮らせる間取りを重視しています。最初から「アフターサービスがいい会社」という視点で住宅会社を探す人はほとんどいないと思いますが、購入する前からアフターサービスの重要性を意識すると、売りっぱなしの会社から買うリスクが減ると思います。多くの施主にメンテナンスの重要性を知ってもらう目的もあって、私の会社はいち早くアフターサービス専門の部署を社内に設け、メンテナンスやリフォームにも力を入れてきました。もちろん設計・施工にも力を入れていますが、いくらデザインや性能にこだわって家づくりを行ったとしても、アフターサービスをないがしろにしては本当の意味で信頼してもらえる会社にはなれないと思っています。

そもそもアフターサービスとは、簡単にいえば施工後も安心して住み続けられるよう持続的に点検や修理、部品交換などを行うサービスのことです。住宅は「住宅の品質確保の促進等に関する法律」（品確法）によって扱われます。この法律では、新築住宅は構造耐力上主要な部分、外壁、屋根、雨水の浸入を防止する部分は建ててからの10年間、住宅会社が保証義務を負うとされています。つまり、住宅を施主に引き渡したあと、構造耐力上主要な部分に不具合があった場合には、どの住宅会社も無償修理で対応しなければいけないということです。例えば、私の会社で購入してから10年以内の家で屋根が破損して雨漏りが起こった場合は無償で修理します。

アフターメンテナンスとアフターサービスの違いが分からない人もいるかと思いますが、「メンテナンス」は実際に行う修理や工事のことを指します。そのためアフターメンテナンスには修理や工事が必須です。一方でアフターサービスはメンテナンスとまではうたっていないため、修理や工事が含まれず「相談」のみの場合もあります。要するにアフターメンテナンスとアフターサービスではサービスの内容と範囲が異なるということです。住宅会社選びでアフターメンテナンスが気になる場合は、修理や工事まで自社で行ってくれるのか、相談だけなのかを確認しておきましょう。提示されたメンテナンスの内容が有償か無償かをはっきりさせなければ混乱を招きます。トラブルの元にもなるため、どこまでが無償でどこからが有償かを確認しておくことが大切です。

ちなみに私の会社ではアフターメンテナンス業務を含めて「アフターサービス」と呼んでいます。補修工事を外部に委託する住宅会社もありますが、私たちは全て自社で修理・工事を行います。なぜなら、土地の仕入れから建築まで自社で一括管理しているので施主の情報を逐一把握でき、具体的で適切な提案が可能だからです。これは私たちの大きな強みだと思います。そして何より、アフターサービスは施工した会社の責任というだけでなく、施主に感謝の気持ちを表す場でもあると思うからです。

なぜアフターサービスが必要なのかというと、主に３つの点が挙げられます。

①メンテナンスすることで家の寿命が延びる

家の寿命は木造住宅で30年、鉄骨住宅で30～50年、鉄筋コンクリート住宅で40～90年が目安といわれています。適切なメンテナンスをしていれば家の耐用年数をもっと延ばすことができます。逆にメンテナンスを怠れば家の寿命はこれよりもずっと短くなります。家は常に風雨にさらされており、住宅設備は毎日使うので劣化は避けられません。特に日本は湿度が高く台風や水害が起こりやすいので、どの住宅会社も防湿・防水施工を念入りにして建てているはずです。しかし経年とともに防湿・防水の施工が劣化していけば雨漏りやカビが発生します。キッチンやトイレ、浴室、洗面台も劣化すれば故障が増えてきます。それを防ぐためにも日頃からのメンテナンスが大切なのです。

②住宅の資産価値を守ることができる

家は住むための場所であると同時に「資産」でもあります。住宅の資産価値は新築のときが最も高く、経年によって下落していきますが、定期的にメンテナンスをしていればある程度は価値を保つことができます。特に都市部で交通の便が良い場所なら、メンテナンスがしっかりしている家は築年数が古くても手放すことになったときに高値で売却しやすいです。

③不具合を放置すると余計に費用がかかる

家の劣化や不具合を放っておくと、大がかりな補修工事をしなければならなくなります。外壁塗装を長年行わないと塗装が剥げて雨漏りが起こりやすくなり、内壁や断熱材を劣化させます。内壁や断熱材の交換工事は大変で外壁塗装の塗り直しよりも費用がかかります。また、雨漏りによってカビが生えると健康が損なわれるという二次被害を招くこともあります。

住宅は適宜メンテナンスしながら大切に住み続けることによって風合いを増し、熟成するとともに愛着が深まっていきます。欧米の住宅は古いほど価値が上がり、築１００年以上の中古住宅のほうが新築より高く売れることもあります。デザインも色褪《あ》せることなく、威風堂々とした気品に満ちた佇《たたず》まいを見せています。どうしてそうなるのかというと、欧米の人たちは「資産」である我が家をメンテナンスしながら長く大切に住み継いでいくことが当たり前と幼少の頃から認識しており、そんな歴史ある住文化の中で生まれ育ってきたからです。

これに対して日本では住宅の引き渡しと同時に建物の価値が下がり（土地の価値は簡単には下がりません）、20年もすればほぼ０円になるといわれます。しかし、家族の一人ひとりが家に愛情をもって手をかけ、子ども、孫の代まで長く大切に住み継ぐようになれば、歴史の長い欧米の住文化に近づくことができるかもしれません。家づくりに携わるプロとして早くそうなるように願っています。

私の会社は「日本でいちばんアフターサービスが万全な住宅会社」を目指している、といっても過言ではありません。なぜ私たちがそこまでアフターサービスにこだわるのかというと、第一に私の会社が建てた家にいつまでも長く安心して住み続けてもらいたいからです。メンテナンスをしないと経年劣化で家の寿命が短くなるのは避けられませんから、安全に長く暮らすために定期的なメンテナンスをしてもらうよう推奨しています。

もう一つの理由は、施主とのコミュニケーションづくりをより強くしたいからです。日頃からコミュニケーションを密にすることでつくり手と住まい手の信頼関係が生まれ、不具合が発生したときもすぐに連絡が届いて速やかに対応することができます。

例えば台風の翌日に雨漏りを発見したとき、トイレの配管が詰まったとき、真っ先にどこに連絡すればいいのか分からない人が多いと思います。そんなとき「とりあえず建ててくれた住宅会社に聞いてみよう」と頼りにしてほしいと思っています。私たちは電話やメールで連絡が来ると必ず現場に足を運んで状況を確認します。電話だとどんな状況なのか的確に説明しにくいこともあるでしょうし、伝言ゲームになっても時間のムダなので、基本的には担当スタッフが訪問します。誰かが行くことによって施主の不安を解消することができますし、そこでまた信頼関係が深まります。

実際に現場に行ってみて社員が自分で修繕できる範囲内なのか、メーカーや専門業者を手配する必要があるのかを判断します。状況にもよりますが、無償でできる場合もありますし、有償の場合は必ず見積りを出して納得してもらってから作業の手配にかかります。

「困ったときはとりあえずあの会社に聞いてみよう」となるのが地域密着型工務店のあるべき姿です。こうした迅速な対応が顧客満足度ＵＰに貢献し、将来的にリフォーム工事を発注してくれたり新たな施主を紹介してくれたりすることにもつながります。地域密着のサービスをうたっているのにアフターサービスが悪いと、「あの会社は売りっぱなしでまったく面倒を見てくれない」という噂が広まります。

特に今の時代はSNSであっという間に口コミが拡散するので、会社の信用が一瞬にして失墜するのは目に見えています。だからこそ一棟一棟心を込めてつくり、引き渡し後もずっと「家守り」をする体制をしっかりと整えています。

メンテナンスの内容は、ドアの建て付けが悪い、玄関ドアの鍵が開かない、鍵をなくした、トイレや洗面台で水漏れがする、お湯が出ない、ガラスが割れた、クロスが浮かび上がってきたなど多岐にわたります。時には大きな蜂の巣を見つけたので取り除いてほしいという依頼もあります。現場に行ったそのついでにほかの箇所の不具合を修繕することもよくあります。私たちは施主の役に立ちたいので、普段から「何か困ったことがあったらいつでも気軽にご連絡くださいね」と頼んでもらいやすいような雰囲気づくりを心がけています。修理を頼もうかどうか迷う場合もあると思いますが、すぐに連絡をもらえることでスピーディーな対応ができ、修繕費の軽減にもつながります。

私たちはかかりつけ医と同じように「あそこに相談すればなんとかしてくれる」と地域に密着した「住まいのお医者さん」のような存在でありたいと思っています。

高度経済成長期の日本は、住宅が不足していたことから大量のプレハブ住宅の建設が急ピッチで進められ、20～30年ごとに建て替えを繰り返すスクラップ&ビルドの安《やす》普請《ぶしん》の家づくりが長く続きました。しかし地球温暖化が加速し、全世界的にCO_2排出量を減らそうという動きになってきたことと、良いものを長く大切に使おうというサステナブルな暮らし方が浸透したこともあり、住宅も耐震・耐久・断熱性能が飛躍的に向上してきました。それに伴い、ほとんどの人が人生で家を購入する機会が一度きりになったのです。

住宅はよく人の健康にたとえられます。人が長く健康で過ごすためには定期的な健康診断や人間ドックを受診するよう奨励されています。バランスのいい食事、適度な運動、十分な睡眠をとり、毎年健康診断を受けることで健康寿命が延びることにつながります。住宅も同じように、定期点検やメンテナンスを怠らず、適宜手を入れることによって30年どころか、50年、１００年持つ家になります。

自覚症状が現れてから病院に行ったら手遅れになることが多いのと同じように、住宅のメンテナンスも早め早めに行うことが大切です。

契約を取ったら「サヨナラ」の実態

住宅会社を選ぶ決め手の理由として必ず挙げられるのが「営業担当の人柄」です。家の価格が少々高くても、担当の営業担当が親切で一生懸命提案してくれるから、この人にお願いすれば間違いないだろうと信じて契約する人もいると思います。ところが、契約を締結するまでは家族のように親身になって寄り添ってくれたのに、いざ契約を結ぶと手のひらを返したようにフォローが雑になる営業担当が多いです。某大手メーカーや会社規模の大きいビルダーでは契約すると担当者が営業アシスタント、設計士、現場監督、インテリアコーディネーターなど次々と代わり、引き渡し当日まで営業担当が姿を見せないことも珍しくありません。毎月の厳しいノルマに追われる営業担当は契約した施主にはもはや関心がなく、次の新規顧客を獲得することに必死なこともあります。彼らにとって家は施主のために「つくる」ものではなく「売る」ための手段にすぎません。そんなビジネスライクな住宅会社に高い費用を払って家を建てて、住んだあともちゃんと面倒を見てくれるのだろうかと不安になっても後の祭りです。

私の会社では最初の打ち合わせから設計、施工、現場管理、引き渡し、アフターサービスまでずっと同じ営業担当が専属で担当します。どの場面においても必ず立ち会い、各部署の担当者と情報を共有します。なぜなら、人生をかけて35年もの長い住宅ローンを組み、マイホームという数千万円の買い物をしてもらった施主に営業担当が最後まで責任を持つのは当然の役割だと思うからです。

ホームページに代表者の顔と理念を載せているか

気になる住宅会社が見つかったらホームページを見て、その会社の代表者がどんな人で、どんな経営理念を持っているのか確認してみるとよいと思います。なぜなら、トップの考え方が家づくりの進め方や価格設定、現場の整理整頓、アフターサービス、さらには社員の言動に表れるからです。ホームページに代表者の顔を載せていない住宅会社がありますが、それではどんな人がリーダーで、どんな人が自分たちの家をつくってくれるのか分からず、どこか不安がつきまとってしまいます。

経営理念やメッセージも読み、それがほかの会社からコピー&ペーストしたような当たり障りのない文言ではなく、その会社独自の信念やビジョンがしっかり発信されているかも確認します。会社の信頼性はホームページからでも、ある程度分かるものです。

私の会社のホームページを見てもらえれば分かりますが、代表である私の顔と経営理念をはっきりと載せています。それは、施主に私の会社をよく理解して納得してから建ててほしいと考えているからです。そのほか、事業内容が分かる会社概要、設立から今日に至るまでの沿革、本社と営業所の所在地、スタッフの紹介、グループ会社の紹介、物件情報、購入者インタビューなど充実したコンテンツを掲載しています。

今の20~30代の人は住宅会社を手当たり次第に何社も見て回るのではなく、SNS

で情報を取捨選択して興味のある住宅会社を絞ってから行動に移す傾向が強いので、ホームページの充実やインスタグラムの更新は欠かせません。だからこそ、うわべだけの言葉やきれいなデザインでごまかしたようなホームページではなく、代表をはじめとしたつくり手の想いと顔が見えてこそ、施主に安心と信頼が伝わるというのが私の持論だからです。

社員の挨拶と笑顔が気持ちいいか

社員に笑顔がなく、爽やかな挨拶ができない、ましてや不愛想であったりすれば家に不具合があっても、相談するのに気が重くなってしまうものです。また、相談したとしてもちゃんと修理をしてもらえるのだろうか、と不安にもなってしまいます。

ハウスメーカーを経営する側の私が考えても、いつも不機嫌な顔をして挨拶もろくにできない人が仕事で良いパフォーマンスを発揮できるとは思えません。どんな職業に就こうと、笑顔と挨拶はビジネスパーソンとしての基本中の基本であり、大切な「お守り」です。これは新入社員だけではなく、経験を積んだ中堅、ベテラン社員にもいえることです。

私の会社は社員教育にも力を入れています。特に挨拶は社会人としての基本的なマナーなので、新人研修から徹底的に指導します。哲学者・教育者の森信三先生は名著『修身教授録』の中で「あいさつとは人間関係を正しい軌道に乗せる作業であり、一日の暮らしのうえで一切の事柄に先行する大事な心がけと言っていいものです」と書いています。

確かに人と気持ちのいい挨拶を交わすとその後のコミュニケーションが円滑になります。さらに続けて「こちらから先にあいさつができたとしたら、その人はもうその一事をもってしても、他日『人に長たるの器』だと言える。人は自分ひとりでやれることは、たかのしれたものでありまして、結局は、多くの人々の協力を得なければならぬからです」とあります。家づくりは多くの人たちの協力を得なければ遂行できない仕事で、そのためにも挨拶は欠かせません。円滑な信頼関係を築くためにも自分から先に挨拶しようと社員に呼びかけています。施主からも会社からも信頼されるトップ営業担当は総じて笑顔が爽やかで誰に対しても先に挨拶をします。朝出社したとき、現場で大工や職人と会ったとき、街で偶然施主と会ったときなど、どんなシーンでもぴかぴかの笑顔と明るい声で挨拶できる社員であってほしいと思います。

住宅会社を訪れた際は、相手の営業担当はもとより、ほかの社員の雰囲気や挨拶の様子も見ておくとよいと思います。

会社の歴史が長く、新築分譲住宅の施工実績が多いか

住宅会社を選ぶにあたっては会社の歴史が長いこと、ある程度まとまった社員数がいることも重要なポイントです。人生最大の買い物をするわけですから、設立して間もない会社に依頼するのはたとえ知り合いであっても、よほどの信頼関係がない限り

避けるべきです。また、後継者がいないような小規模の会社も万が一倒産した場合、誰がアフターサービスや保証の手配をしてくれるのか心配です。

日本では過去にバブル崩壊やリーマンショック、三度の大震災、ウッドショックや半導体不足などさまざまな経済危機がありましたが、今後も先行き不透明な時代が続くものと思われます。そんな逆風を乗り越えられるだけの体力と人材を持つ住宅会社でなければ、建てるときも建てたあとの暮らしも不安を感じるはずです。

また、注文住宅はもちろんのこと分譲住宅の施工実績が多い会社を選ぶとよいと思います。なぜなら、さまざまな環境で条件の異なる土地にたくさんの家を建ててきた経験とノウハウがありますし、デザインや間取りのトレンドも把握しているので満足度の高い家を購入しやすくなるからです。しかも分譲住宅は最初から間取りが決まっているので、自分たちの家族やライフスタイルにはどのタイプの間取りが合うのか、迷ったときでも営業担当や設計士がアドバイスしてくれると思います。

アフターメンテナンスを重要視している会社を見極める

住宅は電化製品や精密機械のように24時間管理された密室の工場の中で同時に何万個もつくるようなものではありません。施主の土地に合った暮らしやすい間取り、デザインの建物を数カ月かけながら多くの職人や業者が関わりながら一棟ずつつくり上げていくものです。

手づくりなので「完成してから何も不具合が起きない」のは正直難しいことでもあります。もちろん、私の会社でもできるだけ不具合が起きないよう努力をしていますが、暮らし始めてからなんらかの不具合が起きる可能性はどの家でもあります。

多くの部品を工場で製作している鉄骨プレハブメーカーでもそうなのですから、自由設計やセミオーダーの木造住宅のように現場でつくり上げる家では、それは避けて通れないテーマでもあります。

だからといって、それに甘んじて努力しない会社ではいけないと思います。なるべく不具合が起こらないような設計・施工と引き渡し後のアフターメンテナンスの体制づくりが家を長持ちさせるうえでとても重要です。これについては住宅会社によってスタンスや考え方が大きく異なります。そして、なかなか見えにくいことだと思います。

住宅会社によっては、家は劣化するものという考えからアフターメンテナンスを軽視している会社も少なくありません。しかし、住んでみて初めてアフターメンテナンスの重要さが分かったという人も多いはずです。ですから、住宅会社を選ぶ際はアフターメンテナンスを重要視しているかどうかを必ずチェックしてほしいと思います。それを見極めるポイントは大きく次の3つになります。

①引き渡し後、定期的に点検に来てくれるか

これについては会社によって独自の決め事があるはずなので、確認が必要です。例えば、1年点検、3年点検など引き渡し後の年数によって定期点検が決まっている会社もありますし、逆にまったく決めないで「施主から連絡があればその都度対応する」という会社もあると思います。後者のパターンは正直あまりお勧めしません。建物の不具合は施主が気づかないで生じる場合もあります。気づいていても初期段階でそんなに困らないので施主自身も忘れてしまっていることもあります。そんなことが後々大きな損害にならないように、ある程度は住宅会社に定期的に点検してもらうほうが安心ということです。住宅会社も住んでから不具合が生じる可能性のある部分は経験上分かっているので、より早く見つけることができます。

　また、住宅で不具合が起きるとしたら完成後の数年以内に起きることがほとんどで、その間にそのポイントをしっかり押さえることで後々の不具合を防ぐことができます。私の会社では引き渡し後、1年目・2年目は無料で自社スタッフが定期点検を行い、5年目以降は施主の希望に応じて点検を実施します（一部有料）。

　この定期点検も、誰がどのように行っているかを確認してください。制度はあっても、実際にはあまり行っていない会社も現実には多く存在しているので、しっかり確認してみることをお勧めします。

②不具合が起きたときにどういう対応をしてくれるか

実際に不具合が生じてみないと対応の良し悪しは分かりませんが、すぐに対応してくれるかどうか、契約する前に営業担当に確認するとよいと思います。引き渡してからの問い合わせ窓口は誰なのか、もしその人が不在もしくは退職したら誰に言えばよいのか、そのときはどれくらい待てば対応してくれるのかを質問してみてください。対応がしっかりしている会社であれば、そのような質問に即答してくれるはずです。あやふやな返答の会社は注意が必要かもしれません。

私の会社の場合は基本的に営業担当が窓口になりますが、本社に連絡をもらえれば営業担当と連携してアフターメンテナンスの担当スタッフが速やかに対応するようにしています。

③住んでからの不具合をなくすように努力しているか

これは、①についてどんなスタンスでアフターメンテナンスに取り組んでいるかが大きく影響します。どんな箇所で不具合が起きやすいかはある程度経験のある会社であれば予測できます。逆にいえば、不具合が起きていることをできるだけ把握しようという会社であれば、その原因を調べて工事について改善させるための行動が可能になります。

つまり、現場にフィードバックできるので「工事に原因があったのか」「部材に原因があったのか」「設計に原因があったのか」など、会社全体として改善を進めていくことが可能となります。

私の会社では基本的に入居後３カ月まではその工事を担当した現場監督がメンテナンスを担当しており、その後はアフターメンテナンスのスタッフが現場監督からそのメンテナンスの情報を引き継ぎ一括管理して、定期点検を行うことにしています。その現場をいちばんよく理解しているスタッフだから問題点を最も把握できるという理由からです。そしてその情報を会社の全員で共有しています。補修や対応などの状況を社内全員で共有しチェックできることで対応漏れなどを防ぐ効果があります。

住宅でメンテナンスが必要になりやすい箇所は主に次の５つになります。

①外壁

年数が経過することでひび割れや色褪せといった劣化現象が見られるケースが多いので、塗り替えやシーリングの打ち替えをしなければなりません。外壁の種類や仕上げ方法によってメンテナンスに適した時期が異なるので注意が必要です。

②屋根

使われている素材によってメンテナンスの方法や時期が異なります。例えば、スレート屋根やトタン屋根の場合は塗り替えや交換が必要になります。

③クロス

年数が経つと剥がれやすくなるので張り替えが必要です。トイレや洗面所、脱衣室など場所によっては結露などの影響を受けて傷みやすい部分もあるので、剥がれや浮きが見られたら早めにメンテナンスするべきです。

④水回り

浴室やトイレ、キッチンなどの水回り設備は、使用頻度が高く劣化もしやすいのでメンテナンスが重要です。メンテナンスを怠ると水漏れを引き起こす可能性があり、交換費用も高額になりがちなのでトラブルが起きる前にメンテナンスしたほうが良いです。

⑤床

日頃から掃除していても、床下の見えない部分の劣化が進んでいる場合があるので定期的なメンテナンスが必要です。シロアリの被害を防ぐためにも床下の点検を行ってください。

メンテナンスを行う時期の目安は次のとおりです。

［築10年］
屋根・外壁の再塗装、クロスやフローリングの張り替え、給水器具、給湯器、冷暖房設備の部品交換、太陽光発電の充電メーター交換

［築20年］
外壁の再塗装、クロスやフローリングの張り替え、室内建材の交換補強、キッチン周りや浴室、トイレなど水回りの交換

［築30年］
屋根の交換、外壁の再塗装、バルコニーの床の防水工事、クロスやフローリングの張り替え、室内建材の交換、給水器具の本体交換、太陽光発電のシステム交換

メンテナンスは専門知識を持った業者を選ぶことが大事です。できれば家を建てた住宅会社に依頼するのが理想ですが、小さな工務店の分譲住宅だったりすると営業担

当や現場監督が兼任したりすることもあるので要注意です。

また、価格が安いからといって悪質な業者に依頼してしまうと何度もやり直しが必要になったり、大規模なリフォームが必要になったり、ひどいときは訴訟問題にまで発展したりするケースもあります。

私の会社では経験豊富なスタッフが在籍するアフターサービス専門の部署を設けて、家ごとにメンテナンス箇所や時期を記録したカルテ（家歴書）も作成し、継続的なメンテナンスを行えるようにしています。

住宅トラブルの多くは引き渡しから２年未満に発生します。公益財団法人「住宅リフォーム・紛争処理支援センター」の調査によれば、住宅の種類別に見たトラブルの発生件数の多くが一戸建ての注文住宅で起こっており、全体の約67％を占めています。

そのうち分譲住宅は15％程度で、注文住宅のトラブルはおよそ４・５倍の頻度で発生していることになります。また、トラブルの発生時期においては、そのうちの４割以上が引き渡しから２年未満となっています。特に１年未満のケースが全体の３割を超えており、新築時点でのトラブルが多いことが見受けられます。そうならないよう、私の会社では引き渡し後1年、2年の定期点検を無料で実施しています。

現在、新築住宅の基本構造部分および雨水の浸入を防止する部分に関しては最低10年間の瑕疵《かし》担保責任が法律で義務付けられており、引き渡しから10年間は不具合箇所の修理や補修を請求する権利が保証されています。私の会社ではさらに長期間にわたる独自の保証制度を導入しています。

「家歴書」と「建物保証書」をつける意味とは

就職には「履歴書」、健康管理には「健康診断書」、車には「車検証」があるように、住宅にも「住宅履歴書」というものが存在します。家がどのようなつくりで、どのような性能を備えているのか、建築後にどのような点検、修繕、リフォームをしてきたのかなどを細かく記録したものです。具体的には新築時の図面や建築確認の書類、点検の結果やリフォームの記録などが一般的です。家の「カルテ」といってもいいでしょう。

私の会社では、新築時の施工内容などを詳細にまとめた「家歴書（住宅履歴書）」を引き渡し後に施主に渡しています。通常の工事管理だけではなく会社独自の工事管理により、各工程で撮影した写真、最終的に出来上がった建物の図面や許認可などをまとめたものを「家歴書」として作成し発行しています。

記載してあるデータは全て会社のデータベースに保存してあります。書類の内容は、検査済証・中間検査合格証・確認済証・建築確認申請書（第１面〜第５面）・建築確認申請書（届出書もしくは許可証）・竣工図・地盤調査報告書・配線、配管図・工事写真となっています。

家歴書があるとメンテナンスやリフォーム時に適切で効率のいい点検、交換、改修を行うことができるのはもちろんですが、売却時にも大いに役立つのです。日本の住宅は年数が経てば建物の価値が０円になってしまったり、何かの事情で売却せざるを得なくなったときにそのときの相場で価値が決まったりします。

私たちが家歴書を作ったのは、メンテナンスや修繕した履歴をきちんと残すことで売却する際に相場より高く売れるように家の付加価値を高めるためでもあります。中古住宅はその家がいつ建てられ、どのようなメンテナンスをしてきたのかなど不安がつきものです。家歴書でその不安を少しでも解消できたら買い手の安心感にもつながります。

私たちは建ててくれた施主だけが対象ではなく、建てた家そのものに対して責任を負うというスタンスなので、家歴書があれば施主から第三者に売却されたとしても、新たな住まい手がその家に住み続ける限り責任をもってメンテナンスを行い保証もします。この取り組みは他社ではまず行っていないと思います。

また、「住宅の品質確保の促進等に関する法律」（品確法）の制定（２０００年４月施行）以前から、建物の引き渡し時に独自の「建物保証書」を発行し、家歴書と一緒に施主に渡しています。

安心の保証「住宅瑕疵担保責任保険」

メンテナンスと同等に大事なのが保証体制です。家という高額な買い物だけに保証は気になります。「住宅の品質確保の促進等に関する法律」により、新築の住宅は引き渡しから10年間の「瑕疵担保責任」が義務付けられました。これは購入した物件に隠れた瑕疵があった場合、住宅事業者が責任を負担するというものです。

もしも建物に瑕疵があれば、施主は住宅会社に補修工事を無償で要求することができます。10年間の瑕疵担保責任が問える範囲は次のようになっています。

①構造耐力上主要な部分……屋根版、小屋組、斜材、壁、床版、柱、基礎、土台、基礎杭など。

②雨水の浸入を防止する部分……屋根、開口部、外壁、排水管など。

このほか、会社独自の手厚い保証や第三者機関による保証をつけている会社だとより安心できます。ただし、自然災害（台風・地震・洪水・津波等）による建物の損壊は保証対象外になります。

私の会社では、住宅瑕疵担保責任保険のほか、自社で設計・施工・販売する注文住宅・分譲住宅には第三者機関による地盤保証、工事期間中の損害保険、シロアリ駆除保証、住宅設備保証も全棟標準で付きます。

あってはならないことですが、もし建ててから10年以内に住宅会社が倒産してしまった場合、保証は無効になります。それでは施主は困ってしまいます。施工した住宅会社が倒産したあとに瑕疵が見つかった場合、施主の負担なく瑕疵の補修ができるよう、事業者に対して保険の加入または保証金の供託にて資金を確保することが「特定住宅瑕疵担保責任の履行の確保等に関する法律」という法律で義務付けられています。

これにより、住宅会社が万一倒産しても10年以内に瑕疵が見つかった場合は、保険金や保証金で修繕をカバーできます。

大手住宅メーカーなどのＣＭでよく見かける「30年保証・60年保証」は、どんな不具合でも全てその期間中無償で直してもらえるようなイメージがありますが誤解です。ほとんどは有料保証で、10年ごとの有償メンテナンスリフォーム後に10年の保証をする会社が多いので注意が必要です。

手付金等保証システム

手付金は土地や家を購入するときの契約時に、契約の証拠として購入額の一部を現金で支払うお金のことです。契約後一定期間中に施主の都合でキャンセルする場合は「手付解除」となり、手付金は戻ってこないので注意が必要です。

手付金の金額は土地購入代金の５～10％が目安となります。手付金は、無事に物件が引き渡されたときには購入価格の一部に充当されます。そのため、手付金を「頭金」として、残金を住宅ローン借入額にして、引き渡し時に支払うケースが一般的です。

ただ、手付金は決して安い金額ではないので、払ったお金が無事に保管されているのかどうか不安だという人も多いと思います。その不安を解消してくれるのが「手付金等保証システム」です。これは西日本住宅産業信用保証株式会社が発行する保証書で、信頼のシステムで施主の手付金を保証します。法律では「手付金等の保全措置」が定められていて、売主が一定額を超える手付金を受領する場合、保全措置を講じる義務があります。

手付金等の保全措置とは、住宅の売買契約後、売主の倒産などで物件の引き渡しができなくなった場合に、支払った手付金が返還されるための措置です。保全措置の方法や必要な手付金等の金額は次のように定められています。

［保全措置の主な方法］

・金融機関や保険事業者との間で、保証委託契約または保証保険契約を結ぶ。

・指定保管機関との間で、手付金等寄託契約を結ぶ（手付金は指定保管機関で保管される）。

［保全措置が必要な手付金等の金額］

・未完成物件の場合：手付金等の合計が代金の額の5％を超えるとき、または手付金等の合計が1000万円を超えるとき。

・完成物件の場合：手付金等の合計が代金の額の10％を超えるとき、または手付金等の合計が1000万円を超えるとき。

私の会社では、施主から預かった手付金は国土交通大臣の指定保証機関として設立された西日本住宅産業信用保証株式会社が発行する保証書で保証し、しっかりと保全します。

YouTube動画で自分でも簡単にできるお手入れ法を解説

入居してからちょっとした不具合が生じたり、掃除や手入れの仕方が分からなかったりしたとき、住宅会社の担当者にわざわざ来てもらうのは申し訳ないし、でも聞かないと分からなくてストレスが溜まるし……そんなことがあるかもしれません。設備の使用方法や取り扱いの注意点については引き渡し時に担当者が説明しているはずなのですが、引き渡しのうれしさのあまり、覚えていないことがあります。

そこで、2年ほど前から私の会社独自のYouTube動画を制作し、メンテナンスチャンネルを配信しています。これまでに、「網戸の脱着カンタン動画解説」「浴室排水口蓋の中の掃除方法」「24時間換気扇カバーの外し方」「洗濯パン排水口トラップの掃除方法」「玄関ドアクローザー知られざる故障原因」「洗面化粧台の鏡の腐食『しけ』の予防対策」「最新節水型トイレのあるある 最新すぎる注意点」「システムキッチン引出し開閉時の注意点」「雨水配管と汚水配管の掃除方法」「ベビーゲート設置位置の注意点」「シャッター雨戸の傾き予防と対策」「雨の日の下駄箱まわりの注意点」の12本をアップしています。

YouTubeを見てくれた施主からも「分かりやすい」「初めて知った」「役に立つ」「もっとたくさんアップしてほしい」と評判も上々で、メンテナンス担当の社員の負担もかなり軽減されました。これからも知ってそうで意外と知らない掃除方法、知っておくと故障予防になること、一人でカンタンにできる部品の脱着方法など、さまざまなお役立ち動画をアップしていきたいと思っています。

「生涯顧客化プロジェクト」とは

家を長持ちさせるためにメンテナンスがいかに大事かと繰り返し書いてきましたが、メンテナンスは費用がかかるのでなかなか実行に踏み切れない人も多いと思います。メンテナンス費用を毎月１万円ずつでもコツコツと積み立てておくと計画的に貯めることができます。しかし、毎月住宅ローンを返済しながらさらに積み立てをするのは負担が大きいものです。

私の会社では、少しでも施主のメンテナンス費用の負担軽減になればと２０２４年から「生涯顧客化プロジェクト」を始めました。これは施主がリフォームをしたり、知り合いを紹介してくれたりしたときにポイントを還元し、さらに任意ではありますが、１口３０００円から積み立て（最大10口）もでき、利子までプラスして、それが貯まったら将来リフォーム、リノベーションをする際の運用資金に充てられるという仕組みです。施主はメンテナンス費用の負担が減り、私の会社はリフォーム工事を受注するというウィンウィンの関係をキープすることができるのです。

　私の会社のグループ全体として一生涯のお付き合いをすること、それが「生涯顧客化プロジェクト」のコンセプトです。土地探し、住宅ローン、分譲住宅の販売、アフターメンテナンス、リフォーム、中古住宅＋リノベーション、家を売りたい、部屋を借りたいなど、各分野のプロフェッショナルが相談に対応します。

　アフターメンテナンスをしながら住み続けていくなかで、家族構成やライフスタイルの変化に伴い、住みにくくなるときが必ず来ます。そんなときに必要となるのがリフォームやリノベーション（大規模改修工事）です。世の中にはリフォーム専門の業者もたくさんありますが、やはり家を建ててくれた会社に相談したほうが建設当時の図面もあるので確実ですし、時間のロスもなく安心だと思います。

　私が経営する会社のグループにもリフォームの会社があります。施主の要望を聞いてプランナーが理想をカタチにします。豊富な経験と知識を活かして、不満や不便を解消し機能的でデザイン性あふれる空間を提案します。依頼の内容は水回りの修理、交換などから間取り変更、断熱改修まで大小さまざまです。

掃除が行き届き、整理整頓された現場で作業を行うのは業者会に所属する大工や職人です。その正確で丁寧な仕事ぶりは施主の満足度97％を誇ります（自社お客様アンケート）。リフォームは何もない状態から施工する新築よりも専門的な知識と技術を要する難しい仕事です。私の会社のリフォーム部隊は半世紀以上にわたるリフォーム工事で培った技術を継承し、数多くの現場を経験しています。

暮らしながらリフォームを行う施主にとっては職人が出入りするだけでも気を遣うはずです。少しでもそのストレスを軽減するために、職人たちのマナーにも気をつけています。そして定期的に職人向け会合を開き、スムーズな施工のための工程確認や安全教育、マナー教育などを行い、職人の士気向上を徹底しています。日々の挨拶はもちろん、道具の整理整頓や毎日の清掃などいつ見てもきれいな現場をキープしておくことが大切だと考えています。

施工中は現場監督が統率力を発揮します。いくら腕利きの大工や職人が集まっても現場監督が段取りよく指揮しなければ良い仕事はできません。近隣に配慮しながらスムーズに工事を進めていくには能力の高い現場監督が必要不可欠なのです。完成して住み始めたらアフターサービス隊の出番です。

ちょっとした不具合でもすぐに駆けつけ、案件によってはその場で対応します。このように、リフォームにおける各分野のスペシャリストがチームを組み、全力で施主の快適な暮らしをサポートしています。

また、リフォーム工事後、施主へのおもてなしとしてプラスαのサービスを行っています。例えば、外壁の全面塗装を行った家ではガレージや雨どいなどを無償できれいに掃除するなど、見積りには入っていないなんらかの作業を一つサービスとして行います。新築後もずっとお付き合いしてもらっていることへの感謝の気持ちから始めたのですが、これも生涯顧客化プロジェクトの一つです。

私の会社では「定額制」の全面改装リフォームも行っています。家の大きさによって坪単価が明確に決まっているので金額を心配する人にとっては安心できるものです。

全面改装リフォームには２種類のプランがあり、施主の要望に合わせて選ぶことができます。一つ目のプランは２０００年６月１日以降の現行耐震基準の建物に住んでいる人が条件で、とにかく安く全面リフォームをしたい人向けです。デザインと機能性が充実した最新設備も含まれています。

もう一つのプランは住まいの老朽化や耐震に不安がある人など、快適・安心にリフォームしたい人向けです。耐震補強工事による耐震性能アップや最新設備により住まいを全面的にアップグレードします。オプションで、車やバイクのサスペンションなどで使われる油圧機器を用いて衝撃や振動が伝わるのを弱めたり静止させたりする「制振ダンパー」を搭載できて、条件を満たせばさまざまな補助金も利用可能です。

第5章

人生最大の買い物だからこそ、
地域密着型の
信頼できるメーカーから
賢く買う

信頼できる一生のパートナー選びのポイント

家づくりはほとんどの人にとって「人生で初めての経験」にして「人生で最大の買い物」です。だからこそ絶対に失敗してほしくありません。そのためにはパートナー（住宅会社）選びがとても重要です。信頼できるパートナーと出会えた時点で、家づくりはもう半分成功したようなものです。住宅ローン、土地探し、家選びの全てにおいて寄り添ってくれるパートナーを選び、賢く家を購入して豊かな人生を楽しみましょう。

全国には3万社を超える住宅会社があるといわれています。その中から自分たちに合った1社を選び出すのは大変なことです。今は誰でもスマホで簡単に検索できる時代とはいえ、膨大な情報の中からどこに着目し、何に注意して家づくりのベストパートナーを選べばいいのか迷うと思います。自分たちの理想とする暮らし方を明確にイメージして、それをかなえてくれそうな1社を選ぶしかないのです。

住宅会社は大きくハウスメーカー、ビルダー、工務店の３つに分けられます。また、建築家や設計事務所に直接コンタクトをとってオリジナルの家をゼロからつくるという方法もあります。それぞれの特徴を説明します。

【ハウスメーカー】

商品構成が豊富でデザインが洗練されており、保証体制が充実しているのが大きな特徴です。材料の仕入れから設計・施工・アフターサービスまでシステム化されています。常設のモデルハウスを所有しているので、実際の建物をいつでも好きなときに自分の目で確認し、イメージすることができます。最大のメリットは大手であることの安心感とブランドを手に入れたことで得られるステータスだと思います。

全てシステム化・マニュアル化されているので品質が安定し工期は比較的短いのですが、規格外の要望に対応できない場合が多く、注文住宅でも自由に家を建てたい人の希望には添えない場合もあり、対応できてもかなりのコストがかかります。

また、広告宣伝費や人件費にコストをかけているので工事費も工務店に比べて高めです。設計力が高くても実際に施工するのは下請けの工務店なので、その技術力によって仕上がりに差が出る場合もあります。


【工務店】


地元に根付いた家づくりをしている地域密着型なので、その地域に最適な家を建てることを得意としています。現場に精通していて完成後もメンテナンスなどの相談を気軽にできます。また、小回りが利くのできめ細かいサービスを提供してもらえます。

ハウスメーカーと違って豪華な展示場を持っていないので、維持費や人件費がかからない分、価格をリーズナブルに設定することができます。

引き渡し直前の家を公開する完成現場見学会を開催する会社も多く、実際に人が住む家なので完成後のイメージをつかみやすいと思います。

ハウスメーカーに比べてデザイン性やプレゼン力が劣ることが多いのがデメリット

ですが、最近は建築家やインテリアコーディネーターと業務提携している会社も増えています。なかには勉強不足で新しい技術や性能基準を知らなかったり、後継者がいなかったりする会社もあるので注意が必要です。

［ビルダー］

ハウスメーカーのように全国展開をしている大企業とは少し異なる中堅規模の住宅会社で、工務店よりも営業力、施工力が高く、年間30～１００棟以上の注文・分譲住宅を手がける会社です。地域密着型の家づくりを行う会社が多いので、ハウスメーカーと工務店の中間的な存在といえます。価格はハウスメーカーよりは安く、工務店よりも会社の規模が大きいので経営上の安心感もあります。限られた地域に特化しているため、大手では扱っていない土地情報を持っているのも強みです。

家を建てたいエリアが決まっているなら掘り出し物の土地に出会えることも期待できます。私が経営する会社はこのビルダーにあたります。

［建築家・設計事務所］

デザインにこだわりの強い人にお勧めで、いちばんのメリットは好みに合ったデザインをする建築家を自分で選べることです。建築家は設計だけにとどまらず、施工業者を地元工務店の中から入札で公平に決め、現場管理まで請け負います。

施主の要望をしっかりと受けとめ、研ぎ澄まされた感性でゼロから設計していくので、人とは違うデザイン性の高い唯一無二の家を建てることができます。建築家にはそれぞれ専門の得意分野があるので住宅の設計経験が豊富な人を選んでください。

ネットで自分のイメージに近い建物を設計する建築家を探すのが一般的ですが、遠方の人は現場にあまり来られないのでアフターサービスのことも考えて近くの人がよいと思います。こだわりが強すぎる建築家だと工期が大幅に延びる場合もあるので、予算と時間に余裕がある人に向いています。

どこに頼むにしても重要視してほしいのは、「施主にとことん寄り添ってくれるかどうか」です。住宅ローンの返済が不安で今の年収でマイホームを購入できるのか分からない、土地探しから相談に乗ってほしい、新築か中古&リフォームかで迷っている、転勤を命じられ、留守中の家の管理が心配……など困ったときに手を差し伸べて助けてくれる会社を選ぶべきです。住宅会社のなかには不親切な会社もたくさんあります。

年収が低い人や土地を持っていない人を最初から門前払いにしたり、契約後に態度が急変したり、売りっぱなしでアフターサービスをないがしろにしたりと、不平不満の声は枚挙にいとまがありません。

自分たちに親身になって寄り添ってくれる会社かどうかを見極めるには、会社の歴史が長いこと、地域での評判が良いこと、施工実績が多いことがポイントです。営業担当がコロコロ代わるようでは困るので、社員の異動や離職率が低いかどうかもチェックしましょう。また、自社で設計を行い、マナーが良くて腕のいい大工が建ててくれること、住んでからのアフターサービスや保証体制がしっかりしていることも重視すべきです。

震災から得た教訓

どんなに建物を頑丈につくっても、それを支える地盤が弱いと大地震が起きたときに簡単に倒壊してしまいます。

私たちが地盤にこだわる理由は、実は私自身が大学2年生のときに阪神・淡路大震災で被災した経験があるからです。兵庫県西宮市内の下宿先と同じ敷地に建っていた立派な家が一瞬にして倒壊しました。大阪の家族とも連絡が取れず、私の下宿先に着いた父はその悲惨な光景を目の当たりにして、私が生きてはいないだろうと覚悟したそうです。

私は幸運にも避難することができましたが、目の前で人が生き埋めになったり、周りが焼け野原になったり、そのときの阿鼻叫喚は今も深く脳裏に刻まれています。そのときの被災経験から、地震や災害に負けない家を建てること、その前提として強い地盤の土地に建てることが非常に重要なのではないかと考えるようになりました。

２０２４年の元日に発生した能登半島地震はマグニチュード７・６、最大震度７で、海底に位置する活断層が起こした直下型の大地震でした。液状化現象で道路が割れて浮き上がり、木造住宅だけでなく、大きな鉄骨造のビルまでもが倒れた映像を見てショックを受けた人も多いと思います。広範囲で活断層が動くことによって住宅に被害が出たのは、１９９５年の阪神・淡路大震災、２０１６年の熊本地震のときと同じです。たくさんの人が犠牲になってしまいましたが、築年数の古い家が多く、そのほとんどが耐震補強されていませんでした。

高齢者が多い地域だっただけに、費用のかかる耐震補強工事に後ろ向きだったことに心が痛みます。私たちのもとに入ってきた情報によると、２×４工法で建てられた木造住宅の被害は比較的少なかったと聞いています。

世の中の住宅会社は地震の揺れに耐える実験をしていることをＣＭ等でアピールしたり、高性能な制振ダンパーを設置したり、建物自体の強度を高めたりすることだけに注目しがちです。また、強靭なラーメン構造と厳密な構造計算で建てる「ＳＥ構法」や、木と鉄を組み合わせて建てる「テクノストラクチャー工法」といったハイブリッドな木造住宅にも消費者の関心が集まっています。

しかし、肝心なのはその建物を支える地盤であることに気づいてほしいのです。日本国内の全ての住宅会社が地盤の保証された土地に家を建てる、あるいは適切な地盤改良工事、耐震補強工事をしてから家を建てれば地震発生時の倒壊が減り、人の命を救える可能性が高くなるはずです。

家の仕上がりは現場管理で決まる

設計士がどんなに素晴らしい図面を描いたとしても、現場の施工力が追いついていないと住みやすい家にはなりません。現場に入る人が皆、技術力だけではなく心を一つにして責任感を持った作業をできるか、そして大工や職人をまとめ現場の管理ができているメーカーを選ぶことが大切です。

私の会社では、業者会に所属している大工、職人だけが現場に入ります。私の会社の家だけを長年つくり続けている準社員なので品質が安定し、分譲住宅も注文住宅も全棟の仕上がりにムラがありません。

そんな大工や職人を指揮する現場監督も全員正社員です。「いい家ができるかどうかは現場監督の能力で決まる」といわれるほど責任重大な立場ですが、住宅会社のなかには現場監督が入らず、営業担当や大工任せにしている場合もあります。そんな現場は経費を浮かせるためにわざと大工が材料の質を落としたり、うっかりミスが多発したりしています。

私たちは「現場きれい活動」に力を入れており、現場の整理整頓、清掃はもちろん、仮設トイレや養生シートに飾り付けを施すなど「魅せる現場」を意識しています。

安全・安心・きれいな現場が保たれてこそ、大工も職人も最高のパフォーマンスを発揮することができるのです。

アフターサービスを重要視した会社を選ぶ

家づくりのゴールは家を建てることではありません。その家でずっと安心して快適に豊かに暮らせることこそが目標です。それを十分理解したうえで施主に提案を行い、しっかりとアフターサービスをしてくれる会社が良きパートナーといえます。しかし残念ながら引き渡したあとの暮らしまで気を配れない会社がたくさんあるのが現状です。

注文住宅より安いからという理由だけで安易に分譲住宅に飛びつくと、品質が低いうえにアフターサービスに力を入れていないため、かえってランニングコストが高くついてしまいます。親身になって施主に寄り添ってくれる会社は引き渡し後も定期点検を行い、アフターサービスと保証体制が充実しています。

私の会社が家の引き渡しのときに発行している「家歴書」と「建物保証書」は、メンテナンスやリフォームを行う際に点検、改修、交換をスムーズにし、住宅の価値を評価することで相場よりも高く売却することに役立っています。「構造や躯体までオープンにしているのは、自社の家づくりに自信がある証拠だね」と施主から評価してもらえることもあります。家歴書は家そのものの価値を保証するものなので、もし第三者に売却しても引き続きその家のアフターサービスに私たちが責任を持ち、保証も続きます。

先代の時代から引き渡し後も売りっぱなしではなく、アフターサービスに力を入れてきたからこそリピート率や紹介率が高いのだと思います。50年前に私の会社で新築した施主の子ども、孫の代になってまた私の会社で家を建ててくれたり、リフォームしてくれたりすることもたくさんあります。

家は経年とともに劣化します。これだけは避けようがありません。しかし、アフターサービスを重視している会社を選べば、昔の家のように30年で建て替えることなく、50年、１００年もつ家になるのです。

地域密着型メーカーの信頼性

家を購入するにあたっては、現在の暮らしだけでなく、長期的な将来のリスクまで見据えて住宅メーカーを選ぶべきです。となると、地域に密着した会社を選んだほうが安心ということになります。手抜き工事や杜《ず》撰《さん》な管理をしていれば地域ですぐに明るみに出て悪い噂が広がってしまうので、住宅メーカーはいい加減な仕事はできません。

逆に、地域でしっかり実績を積み重ねて業績を伸ばしている住宅メーカーはアフターサービスが充実しているということの証です。ですから、地域に密着しているかどうかが住宅メーカー選びの判断指標の一つになるといっていいでしょう。

さらに、地域に密着したメーカーは、地元の特殊なニーズや気候条件に適した住宅提案ができることも魅力です。地域の文化や法規制に通じ、住宅の設計や建築において最適な提案をすることができます。これにより、施主はより適切で快適な住宅を手に入れることができるでしょう。

地域に根差したメーカーを選ぶことが、安心できる家づくりにつながるのです。

地域密着の住宅会社として「住生活の創造」を目指す

１９６９年の創業以来、私たちは「地域社会との共存共栄」「地域密着」の家づくりを貫いてきました。住宅業界にはいまだに材料を安く仕入れて高い価格で販売している会社や商圏を広げすぎたあまりに家を売ったら終わりでアフターサービスをしない会社がたくさんあります。

そんな業界の悪いイメージを払拭するためにも私の会社は地域に根差し、施主に近い距離でワンストップサービスの家づくりを提供しています。自社内に住宅ローン、用地買収、宅地造成、設計、建築、アフターサービス、リフォームと、それぞれ専門の部署を設け、施主に無理なくマイホームを購入してもらい、入居後もずっと「家守り」としてアフターサービスを行い、寄り添います。

今後も住宅事業を柱にすることに変わりありませんが、「住生活の創造」を目指して次の5つのテーマを掲げて取り組み、より地域に貢献したいと考えています。

①住まい・暮らし

これまで55年間培ってきた家づくりの経験とノウハウを活かして安心・安全・快適な分譲住宅・注文住宅を建て、施主の豊かな暮らしをかなえます。また、本社や各営業所で食育教室や木工おもちゃづくり、さまざまなライフスタイルイベントを開催して、施主や地域の人とのコミュニケーションづくりに努めています。

②介護福祉

要介護者も介護する人もストレスなく安全に過ごせる有料老人ホームなどの高齢者施設を増やしていきます。私の会社が事業者となり、運営は介護事業者に委託します。すでに10棟以上の高齢者施設を保有していますが、さらなる品質向上と利用のしやすさを求めて今も高齢者施設に足を運んで意見交換し、学んでいます。

超高齢社会の日本では、今後ますます介護・福祉施設の需要は増えると思います。しかし、いったん施設に入ると入所者と家族とのつながりが希薄になりがちです。私も時々、高齢者施設を視察しますが、入所者はどこか孤独に見えて、食堂でみんなと食事をするときも会話がなく、食べ終わると自分の部屋に戻ってテレビを見るという単調な生活に見えます。家庭によってさまざまな事情があるでしょうが、自宅で最期まで家族と一緒に過ごしたほうが幸せな人生を送れるのではないかと思います。

今後は年齢を重ねてもずっと快適に暮らせる家を設計段階から提案していこうと考えています。それで、身体の変化に対応できるノウハウを住宅に取り入れたモデルハウスを今建設しています。敷地にゆとりがないと難しいので注文住宅に限られるかもしれませんが、分譲住宅でも不可能ではないと思うのでチャレンジしたいと思います。

③健康

「健康快適住宅」を建てるため、私の会社では内装建材には基本的にシックハウス症候群の原因となるホルムアルデヒドの発散濃度が低いF☆☆☆☆（エフフォースター）を取得したものを使用していますが、有害物質がまったく出ないわけではないため、特に注文住宅においてはそれらを吸収・分解して有害物質の排出を抑制する取り組みを行っています。施主からはアトピー肌や喘息の症状が緩和されたという声も届いています。また、寝室でスマホの充電をする人が多いことから頭部付近の壁内に電磁波対策のシートを貼るようにしています。さらに、土壌にマイナスイオン効果の高い炭を埋めて室内の空気を浄化するなど、神社仏閣と同じ空気環境を実現しています。

加えて、新規事業としてグランピング施設の経営も検討しており、用地を探しています。コロナ禍以降人気が高まっているキャンプ、バーベキュー、サウナをビジネスとしてブランディングし、「ビーバー・ロッジ」のような複合施設を建設し、憩いと健康増進の場になればうれしいです。

④農業

7年前に社内に「農業委員会」を立ち上げ、地主から農地を借りて施主と一緒に米

農業研修（稲刈り）

や無農薬野菜を育てています。また、毎年4～11月の新入社員研修ではお米や野菜を育てて収穫し、秋にバーベキューをしながら農業研修の成果を発表してもらいます。今のZ世代は土に触れる機会が少ないので、同期のみんなと一緒にお米や野菜を作り上げることの歓びを感じてほしいと思って実践しています。

今後は農業と住宅事業を絡めたいと思い、モデルハウスの敷地内に菜園をつくり、これから新築する人に畑のあるスローライフを提案しています。自宅の庭で野菜や果物を育て自給自足の暮らしをすることで、食の大切さやフードロス防止など子どもの食育や人間的な成長にもつながると思います。

⑤管理

「生涯顧客化プロジェクト」の強化をしていきます。この本で何度も書いてきましたが、私たちは引き渡したら終わりではなく、アフターサービスを継続することで家という大切な資産を守り続けます。家の価値を保証して高める「家歴書」や特典いろいろの「パートナーズ倶楽部」も継続して、施主に喜んでもらえるようさらにサービスの内容をアップデートしていきます。

また、子育て支援のサポートもしたいと思い、昨年、会社とは別の法人を立ち上げました。共働きの家庭が増えたことから、その受け皿として放課後の時間に子どもたちを預かる学童保育や子ども食堂などを実施する予定です。ヤングケアラーで大変な思いをしている子どもや不登校児が増え、子どもの貧困や教育格差にも関心が高まっているなか、私も「ひとりも取りこぼさない社会をつくる」手伝いをしたいと思います。

さらに高齢者や障がいがあるなど社会的弱者といわれる人たちのための住宅も提供したいと考えています。

こんな事業を思いついたのは、阪神・淡路大震災で被災した経験も根底にありますが、亡くなった先代社長の「地域に貢献できる会社であれ」という信念を継承したいと思ったことが大きいです。それと、私に子どもが生まれたこともターニングポイントになりました。地震に強くて、暖かくて、空気のきれいな家でこの子をのびのび育てたい、心からそう思いました。家は家族のかけがえのない思い出を紡いでいく「暮らしの器」です。子どもにとって我が家は永遠のふるさとになります。

居心地が良くて、早く帰ってきたくなる家をつくりたいと思います。これから家を建てる子育て世代の施主と同じ立場の親として、家づくりのプロとして、ずっと安心・安全・快適に住み続けられる家を無理のない価格で提供すること、それが私に課せられた使命であると思っています。

おわりに

最後まで読んでいただき、ありがとうございました。コロナ禍以降需要が高まっている分譲住宅ですが、安易に購入して失敗してほしくないという思いから分譲住宅の賢い買い方、パートナー選びのポイントを中心に書いてみました。これから分譲住宅を購入する人の少しでもお役に立てたなら幸いです。

会社が創業して55年、二代目社長の私が入社して27年になりますが、本を書くことでこれまで地道に家づくりに取り組んできた足跡をたどる良い機会となりました。さまざまなことにチャレンジして少しずつ事業を拡大してきましたが、一貫して変わらなかったのは社是にもある「地域社会との共存共栄」「地域密着」だと改めて気づきました。半世紀以上も地域の皆さんに支えられてきた会社なので、その信頼に応えなくてはいけない、期待を裏切ってはいけないという想いで社員、業者会のみんなと一生懸命取り組んできました。

私が家業を継ぐ決意をしたのは大学2年のときです。私は末っ子なので、年の離れた兄が継ぐものだとばかり思っていました。ところが、阪神・淡路大震災で私が被災すると会社も大変な状況に陥っており、兄と私は先代社長の父に呼び出されました。父が兄に「会社を継ぐ気はあるか？」と尋ねたところ、兄は「継ぐつもりはないです」と答えました。

父と私にとっては青天の霹靂《へきれき》です。いつも強気な姿勢を崩さない父が「じゃあ秀樹、お前はどうなんだ？」と私を見つめたときのあまりにも寂しそうな顔を見て、自分が継がないと会社がなくなるかもしれないと思い「僕が継ぎます」と言いました。

それから2年後、新卒で入社したのです。さまざまな部署を経験し、バトンを受け継いだ２０１５年に父がこの世を去りました。父の創業精神を忘れず、地元で築き上げた基盤をより強固にし、さらに愛される会社にしていくことを心に誓いました。

父は業界の公職でも活躍したほどカリスマ性があり、トップダウン型の一匹狼のような経営者でした。対照的に私は羊飼い型で、仕事をすることの楽しみを社員と共有しながら進めていくボトムアップ型の組織経営を目指しています。

家づくりは一人ではできません。各専門分野のプロとチームを組み、それぞれが最高のパフォーマンスを発揮することで施主に満足してもらえる家を提供できます。そのためにも社員に働きやすい職場環境を提供し、失敗を恐れずチャレンジしたいと思える企業風土をつくりたいと思っています。

私の座右の銘は「随処《ずいしょ》に主となれば立処《りっしょ》皆真なり」で、臨済宗の開祖である臨済義玄禅師が修行者に対して諭した言葉です。いついかなる場合でも、それぞれのおかれた立場や環境で自分が中心となって行動すれば真実を把握でき、必ず真価を発揮することができるという意味です。

その言葉どおりに当事者意識を強くもって仕事をしつつ、常に自分に言い聞かせているのは「謙虚であること」です。どんなに調子が良いときでも図に乗ってはいけないと自分を戒めています。会社では誰も私に注意してくれないので、10年前から毎月一回京都の寺で座禅を組み、心をニュートラルな状態に整えています。

父の時代から宅地造成、設計、施工、現場管理、アフターサービス、リフォーム、売却まで自社一貫体制の家づくりを行ってきましたが、私が社長に就任してからは特にアフターサービスに力を注ぐようにしました。常に着工棟数を伸ばすことに必死の住宅業界では極めて珍しい会社だと思います。その理由は、家を売ったらそれで終わりという考えに抵抗があったからです。

平成の半ば頃まで日本の住宅の寿命は30年といわれ、建てては壊しを繰り返してきました。考えてみれば35年の住宅ローンを組んだのにその前に寿命が来るというのはおかしな話です。家は使い捨ての商品ではなく「資産」です。耐震も性能も設備も年々進化しているので定期的にメンテナンスを行い、きちんと手を入れてあげれば50年、１００年は長持ちするはずです。

令和に入り、今後は脱炭素社会の実現に向けて、全国的に省エネ住宅の普及が進みます。品質が高く、エネルギー消費を抑えた家は家族が長く快適に暮らせて、耐久面や資産価値において次世代に引き継がれていくことができます。こうした家にこそアフターサービスが必要不可欠なのです。

この本を手に取った人は、新築の分譲住宅を購入しようと考えている人が多いと思います。読者の皆さんは分譲住宅にどんなイメージを持っていますか？　注文住宅より安い、打ち合わせ期間が短くて済む、土地代込みなので予算を立てやすい、すぐ入居できるといったメリットがありますが、慎重にパートナーを選ばないと「こんなはずじゃなかった」と後悔する恐れがあります。

地盤と造成はしっかりしているか、プライバシーと開放感を両立しつつ可変しやすい間取りか、収納とコンセントは足りているか、会社の歴史は長いか、アフターサービスと保証体制は万全か、スタッフは契約後も寄り添ってくれるかといったことまで確認して選んでほしいと思います。つくり手側の都合で進めることなく、施主ファーストで寄り添ってくれる会社で分譲住宅を購入すれば、きっと豊かな人生を送ることができると私は信じています。

今後はもちろん分譲住宅事業を軸に、介護福祉や子育て支援事業、スローライフを楽しむための農園やグランピング施設など、人と人とのつながりを大切にした「住生活の創造」に取り組みたいと思っています。全ての事業に共通する合い言葉が「地域密着」であるのはいうまでもありません。

私たちは、これからも大阪を拠点に展開し、これまで以上に皆さんのマイホーム選びと入居後の暮らしを細やかにサポートいたします。皆さんの街でお会いできる日を楽しみにしております。

川野秀樹（かわの・ひでき）

1974年生まれ。学生時代からアルバイトとして家業を手伝い、1997年甲南大学を卒業。同年ビーバーハウス入社。営業を2年、その後、用地買収を4年経験。総務や経理、収益物件購入など同グループの多岐にわたる仕事を経て、2004年12月社長室長、2009年4月常務取締役に就任。先代と社員の橋渡し役として尽力し、2015年1月、40歳で社長に就任。

本書についての
ご意見・ご感想はコチラ

購入する前に知っておきたい！
新築分譲住宅 3つのキホン

2024年5月29日　第1刷発行

著　者　　川野秀樹
発行人　　久保田貴幸

発行元　　株式会社 幻冬舎メディアコンサルティング
〒151-0051　東京都渋谷区千駄ヶ谷4-9-7
電話　03-5411-6440（編集）

発売元　　株式会社 幻冬舎
〒151-0051　東京都渋谷区千駄ヶ谷4-9-7
電話　03-5411-6222（営業）

印刷・製本　中央精版印刷株式会社
装　丁　　弓田和則

検印廃止

Printed in Japan
ISBN 978-4-344-94794-8 C0052
幻冬舎メディアコンサルティングＨＰ
https://www.gentosha-mc.com/